人体基因科技医学运用立法规制研究

沈秀芹　著

山东大学出版社

图书在版编目(CIP)数据

人体基因科技医学运用立法规制研究/沈秀芹著.
—济南:山东大学出版社,2015.7
ISBN 978-7-5607-5328-7

Ⅰ.①人… Ⅱ.①沈… Ⅲ.①人类基因—医学—应用
—立法—研究—中国 Ⅳ.①D922.164

中国版本图书馆 CIP 数据核字(2015)第 181556 号

责任策划:姜　明
责任编辑:尹凤桐
封面设计:张　荔

出版发行:山东大学出版社
社　址　山东省济南市山大南路 20 号
邮　编　250100
电　话　市场部(0531)88364466
经　销:山东省新华书店
印　刷:济南新科印务有限公司
规　格:720 毫米×1000 毫米　1/16
10 印张　160 千字
版　次:2015 年 7 月第 1 版
印　次:2015 年 7 月第 1 次印刷
定　价:26.00 元

教育部人文社科项目(11YJC820100)：

我国人体基因科技发展的人权保障研究——立法的视角

国家博士后基金(2012M510990)和第六批博士后特别资助项目(2013T60657)：

人体基因科技发展中的健康权保障研究——立法的视角

山东大学教学改革、医学法学教学方法改革研究等项目资助的阶段性研究成果

前言

21 世纪人类进入生物技术时代，基因科技尤其是人体基因科技，是生物技术的核心，对人类生活产生了巨大影响。随着基因检测、基因治疗、胚胎干细胞研究、基因复制器官以及克隆技术的不断发展与应用，人们可以根据基因偏好选择新的生命。目前被视为绝症的遗传性疾病和癌症有可能被治愈；通过体细胞研究可以复制任何需要的器官，器官移植的来源不再紧缺；长生不老不再是梦想，死去的人也可以"复活"。人体基因科技能够对人的出生直至死亡的全过程进行干预和操控，人类将僭越"上帝"的权力，人人健康长寿，生活质量大大提高。然而，与此同时，人性尊严、生命权、健康权、平等权、身体完整权、隐私权、知情同意权、专利权等为宪法所保护的基本权利以及基本的宪政秩序也受到了前所未有的挑战。科学家们问的是：什么是能够做的？而伦理和法律问的则是：什么是应该做的，允许做的？显然，技术上能做到的并不都是应该做的，需要伦理和法律对行为设定边界，进行规范。只是伦理属于道德范畴，主要靠内心自律；而法律则具有国家强制力，更为有效，属于他律。在人体基因科技研究中，有两大对垒的宪法法益发生了巨大的冲突：一方面是人体基因科技研究的自由；另一方面是公民的各项基本权利。究竟如何进行规制才能够使人体基因科技的良性发展与保障公民基本权利之间保持一种动态平衡？这已经成为当代法学面临的重要课题之一。规制，具体可分为立法规制、行政规制以及司法规制，其中立法规制无疑是首要前提，并且决定着其他规制的实施。各个国家和地区在重构符合人体基因科技发展的伦理规范进行约束的同时，纷纷制定相应的人体基因科技法律、法规等进行规制。其路径有二：一是对传统的法律进行调整和修改，以适应人体基因科技的发展要求；二是制定专项人体基因科技法，以对某项基因技术的实际研究和应用进行规范和保障。我国也于20世纪90年代开始基因科技立法规制建设。但是，随着人体基因科技的飞速发展，已有的法律越来越滞后于技术的发展，已有的法律、法规多关注于动物、植物、转基因食品、农业等的安全问题，而很少注重对关涉生命和健康的人体基因科技立法；已有人体基因科技的法律层次比较低，多数是法规或规章，需要提高法律位阶。随着人体基因科技在医学领域的大量应用，又带来了很多新的伦理、法律问题，产生了新的社会关系，存在大量"法律调整的真空"，不利于社会秩序的稳定和人民基本权利的保障。在这种背景下，作者尝试着对人体基因科技医学运用中的立法规制进行系统研究，分析人体基因科技对法律的挑战及其立法规制的必要性，阐述人体基因科技立法规制的伦理基础与法理基础，在考察国外人体基因科技立法规制和我国人体基因科技立法规制现状的基础上，尝试构建我国人体基因科技规制法律体系，拟定其核心内容——人体基因科技基本法的基本框架和主要内容。

本书由导论、正文和结语三部分组成，其中正文部分共分为六章。

导论部分，主要叙述基因科技的历史发展及其对人类医疗、素质以及寿命带来的影响，提出研究问题和意义。人体基因科技的发展在给人类健康带来巨大福祉的同时也可能带来毁灭性的灾难后果，那么该如何进行规范和控制才能促进其在良性发展的同时最大限度地造福人类、减少负面影响呢？对于这一问题，各国都在重构伦理规范的同时，纷纷立法进行规制。

第一章，关于人体基因科技的医学运用对法律的挑战及其立法规制必要性。首先，人体基因科技由于在分子水平上实现了对人类遗传物质的修饰和操纵，它对法律最根本、最深层次的挑战体现在对人性尊严方面。其次，在人体基因科技研究条件下，享有权利、承担义务的法律主体"自然人"不再是毫无争议。什么是"人"？人的生命始于何时？胚胎是否享有尊严和权利等都需要作出明确界定。再次，生命健康权、平等权、隐私权、知情权、专利权等各项基本权利和法律秩序都遇到前所未有的冲击，为了应对新型生命社会关系、促进人体基因科技良性发展、防范人体基因科技的滥用，迫切需要对其进行立法规制。

第二章，关于人体基因科技医学运用立法规制的伦理基础。首先，分析人体基因科技发展在医学运用中带来的伦理问题及论争，主要围绕着基因生殖、基因检测与治疗以及基因克隆技术引起的优生、基因隐私与歧视、技术异化等问题展开。指出对人体基因科技进行伦理调节的必要性和对其问题解决的伦理途径。其次，分析人体基因科技立法规制中的伦理价值冲突及选择。最后，提出了适应人体基因科技发展的伦理原则。

第三章，关于人体基因科技立法规制的法理基础。首先，分析了人体基因科技发展引发的法益之间的冲突，主要包括人体基因科技研究自由与人性尊严之间的冲突，人体基因科技研究自由与生命权、健康权、身体权等其他基本权利之间的冲突，以及基因本身引起的财产法益与人格法益之间的冲突。其次，分别阐述对人体基因科技医学运用研究的保障和限制。

第四章，关于人体基因科技立法规制的国外考察。首先，分析国外对基因科技医学运用进行立法规制的几种模式，包括单独立法模式、制定管理标准和规则模式、结合立法模式和无单独立法，依其他部门法规范模式。其次，以基因治疗、胚胎干细胞和克隆三种人体基因科技为例对国外的立法规制进行了考察。最后，对国外立法模式进行比较分析与借鉴。

第五章，关于我国人体基因科技医学运用立法规制现状及不足。首先，介绍我国人体基因科技医学运用的历史发展及其立法概况。其次，介绍我国目前几个核心人体基因科技法律规范的主要内容。最后，分析我国目前人体基因科技立法存在的不足，主要是缺乏核心理念、立法层次低、系统性不强、新型权利保护缺位及存在法律漏洞等五个方面。

第六章，关于我国人体基因科技医学运用规制法律体系构建。首先，应确立以人性尊严为人体基因科技立法规制的核心理念，在宪法中明确人性尊严保护条款，以及保护人体基因科技引起的新型相关权利规定，并以此为指导构建人体基因科技医学应用规制法律体系。其次，应当制定专门的人体基因科技基本法作为人体基因科技规制法律体系的核心内容，并指导其他人体基因科技专门法律、行政法规以及规章的制定，以刑法为最后底线共同构成我国人体基因科技规制法律体系。最后，规划和设计人体基因科技基本法的基本架构和主要内容。

沈秀芹

2015 年 2 月 10 日

目　录

导　论

一、问题的提出

(一)研究背景

1. 基因科技的历史发展

大千世界,五彩缤纷,两百多万种生物生活在地球上,其大小、形态、结构和功能、生活方式各不相同,甚至千差万别。“世界上没有两片完全相同的叶子”,那么究竟是什么赋予了生命如此奇妙多变呢?我们面对着各不相同的脸谱,究竟又是什么决定着人类的高矮胖瘦、种族与皮肤、疾病与健康、长寿与夭折、漂亮与美丑、愚笨与智慧?扮演这一角色的就是决定生命奥秘的一个密码——基因(gene)。

地球上存在着生命,就存在着基因,没有基因就没有生命的存在。然而在 20 世纪以前,人们并不知道基因的真实存在。从遗传学史的角度看,古希腊时期人们已经有一种概念,认为有某种物质与遗传有关,而这种物质能以某种方式赋予所形成的新生命具有众多双亲的特性。同时还认为,即使对双亲的特性了解得清清楚楚,往往还是无法详尽预见后代的外表和行为。19 世纪期间,人们提出过很多假说来解释遗传特性,有人认为遗传是基于一些物质如“血的混合”和“元素”的混合[①]，但这些观点都没能让相当一批人信以为真。1868 年，瑞士科学家米舍(Miescher)从脓细胞中通过脱脂、消化和酸碱沉淀得到了一种含磷高的新物质，称为核素(unclein)。几乎同时奥地利科学家孟德尔(Mendel)提出生物的每一形状都是由遗传因子传递的。

1869 年，一个年轻的瑞士研究生米歇尔在做博士论文时，在一个偶然的机会里发现了 DNA，他将这种存在于细胞核里的物质定名为“核质”。但此后长达 70 多年的时间里竟无人知晓 DNA 的组成、结构及其生物功能。

从 1879 年开始，米歇尔的师弟考塞尔研究出了“核质”的四种组成部分——碱基。

1889 年，科学家阿尔特曼建议将“核质”定名为核酸，当时人们已经认识到所谓的“核质”实际上是核酸和蛋白质的混合物。

1909 年，丹麦遗传学家约翰逊(W. Johansen)根据希腊文“给以生命”一词，将孟德尔提出的遗传因子(hereditary factor)碱基改称为基因(gene)，然而当时并没有人将孟德尔的核素与约翰逊的基因联系在一起，直到 1944 年微生物学家艾弗里(Avery)在肺炎链球菌转化实验中，揭示了 DNA 是细菌的遗传物质之后，才将它们联系在一起。[②]

1953 年，美国科学家沃森(J. Waston)和英国科学家克里克(F. Crick)发现了遗传物质脱氧核糖核酸(DNA)的双螺旋结构和半保留复制的机理，开创了分子生物学的新时代，这一重大科学发现大大地促进了现代基因科技的迅速发展，成为了 20 世纪中期以来人类科技发展中最令人瞩目的高新技术。

到了 20 世纪 60 年代，科学家们确定了遗传信息由核苷酸组成密码进行密码传递的方式。

以尼然博格(Nircnberg)、奥科(Choa)和霍拉纳(Khorana)等为代表的一批科学家经过大量工作和艰苦努力，破译了遗传密码，确定了遗传信息的

---

① 参见[美]威廉·R·克拉克(William R. Clark)：《基因治疗——二十一世纪分子医学的希望和问题》，邵承工、蔡武城译，复旦大学出版社 2001 年版，第 1 页。

② 参见王廷华、董坚、齐建军：《基因克隆理论与技术》，科学出版社 2009 年版，第 3 页。

传递方式。至1966年,全部64个遗传密码被破译,并排出密码字典,提出了中心法则,为基因工程的诞生奠定了理论基础。

1970年,史密斯(Smith)和威尔科克斯(Wilcox)在流感嗜血杆菌(huemophilus in fluenzae)中分离并纯化了限制性内切酶(hind),使DNA分子的切割成为可能。

1972年,美国斯坦福大学的博格(Berg)研究小组利用限制性内切酶*E*coR Ⅰ和T4DNA连接酶成功地进行了首例基因体外重组实验,获得了包含有猿猴病毒SV40和DNA重组的杂种分。

1973年,科恩(Cohen)等人用*E*coR Ⅰ内切酶处理大肠杆菌的抗四环素和抗新霉素及磺胺的质粒,并连接成一个新的重组质粒。将这种工程化的质粒转入到大肠杆菌之中,在含有四环素和新霉素的平板中筛选到了重组菌落。同年,加利福尼亚的博耶(Boyer)小组也进行了类似的工作。重组分子转化的成功标志着基因工程的诞生。

1979年,鲍梯莫尔(Baltimore)和特米恩(Temin)领导的两个研究小组分别在各自的工作中发现了逆转录酶。这一成果的重要意义在于打破了中心法则DNA→RNA→蛋白质的模式,使真核基因的制备成为可能。

自此以后,"基因工程"使人类取得了通过重组DNA技术主动改善生物的遗传特性的能力,这使基因科技进入了一个新的时期,随后基因诊断、基因治疗、基因修饰、基因药物、转基因食品等不断问世,人类的基因科技以惊人的步伐向前发展:

1978年,世界上第一个试管婴儿在英国诞生。

1985年,DNA碱基配对对测序实现了自动化。

1997年,克隆羊"多莉"出世。

1998年,科学家成功分离了人体胚胎干细胞。

2000年6月26日,参与人类基因组计划的美国、英国、德国、法国、日本、中国政府和有关科学家分别以不同的方式宣布,人类基因组的工作草图已经绘制成功,这是一项巨大的科学成就,必将推动21世纪基因科技的重大发展。

2001年，人类基因组序列草图发表，人与人的基因只有0.1%的差异。

1999～2001年，科学家先后成功地从成年人体内分离出干细胞并找到了培养的方法，人体脏器再生已不是梦。

2004年，人类基因组完成图公布，其精度大于99%，误差小于十万分之一，人类基因组只包含2万～2.5万个基因。[①] 人类基因组计划的成功完成标志着基因科技已迈向基因组学的时代，新的治疗方法、个人化的医学治疗、基因检测的普及都将因人类基因的解码而逐步实现。

2006年，美国科学家用一种完全成熟的体细胞——一粒细胞克隆出小鼠，使处于分化状态的体细胞培育哺乳动物成为现实。

2007年，美国和日本的科学家同时宣布成功创造出万能细胞。

2. 基因科技发展对医学运用的影响

上述基因科技的惊人成就开辟了人类未来美好前景，尤其是对人类医学运用中的发病机制及基因诊断、治疗和预防领域的应用研究，可以大大增进人类健康，延长寿命，同时使“优生”“长生不老”以及“克隆人”等曾经的幻想成为可能。

在医疗发病机制方面，人类基因组研究将大大加速人们对疾病病因的认识。当我们把人体基因作为要改造的基因时，医学上就发生了一场带有根本性转折的突破：我们可以通过技术的掌握，更加精确而主动地找到人体基因，进而发现与疾病相关的基因，并可以通过在分子上实现遗传物质的修改甚至取代以达到消除疾病、增进健康的目的。[②] 那个时代基础医学的特点也许不仅是解释疾病的症状，而是揭示各种疾病的基因变异机理，从而达到“治本”的目的。

在疾病诊断方面，人体基因科技在医疗上的应用不仅可以更好地了解发病机制，同时也极大地推动了诊断技术进步，以DNA检测为基础的诊断技术会越来越多。研究人员从病人身上提取DNA，在DNA样品中加入荧

① 参见胡唯元：《2004年国内、国际十大科技新闻》，《科技日报》，http://www.wfstc.gov.cn/wfast/shownews.asp? newsid=144，访问时间为2009-11-5。

② 参见张春美：《DNA的伦理地位》，上海书店出版社2006年版，第5页。

光物质，并将这种经过特殊处理的 DNA 样品喷洒在表面沾有 1 万个已知基因的玻璃片上。在激光照射下，研究人员可以根据玻璃片上荧光物质的发光情况了解从病人身上提取的 DNA 样品中有哪些基因与玻璃片上的已知基因相同。这就是"基因表达监测技术"。[①] 通过这种技术进行胎儿产前筛查，指导婚育，能够预诊出血友病、苯丙酮尿症等各种遗传性疾病，能够达到早期诊断、早期治疗的目的。

在基因治疗方面，随着人类基因组序列的破译，基因的功能和调控机制的阐明，以基因预测、基因预防、基因诊断、基因治疗为特征的"基因医学时代"正向我们走来[②]，大大突破了临床上常规的治疗方法。早老性痴呆症、哮喘病、癌症、糖尿病、唐氏综合征、血友病、高血压、血胆脂醇过多、多发性神经纤维瘤、精神分裂症、镰刀型细胞贫血病、脊柱裂等这些在当代医学科技无能为力的严重疾病，通过人类基因组的破译和致病基因的确认，都可以轻松找到发病基因，并移植相应的基因，从而获得治愈。[③]

基因科技除了对医疗领域的重大影响，也将大大改善人类素质与寿命。"优生学"，是由达尔文的表弟高尔顿爵士(Sir Francis Galton)于 19 世纪提出的。一般可分为两种：消极优生学是指系统化地排除非优良的生物特性；积极优生学则是通过选择性繁育来"改进"某个生物或物种的遗传特征。[④] 当奥尔德斯·郝胥黎(Aldous Huxley)在 1932 年写出他的反面乌托邦小说《勇敢新世界》时，他和他同时代的人没有想到，20 世纪生命科学发展和新的技术手段，使他的优生文明幻想变成了现实。另外，专家们认为，根据"个人基因草图"，人类可以了解自身体质的弱点和对某种疾病的易感染性，因此可以为每个人研制特殊药物。到 2030 年，人类就可掌握抑制衰老的基因，并延长人类的平均寿命，实现长命百岁的愿望。

---

① 参见子言：《基因：讲述生命的故事》，经济日报出版社 2000 年版，第 22 页。

② 参见谈大正：《生命法学导论》，上海人民出版社 2005 年版，第 117 页。

③ See Eric S. Grace, "Better Health through Gene Therapy," *The Futurist*, 32(1), Jan-Feb 1998, pp. 39-43.

④ 参见[美]米·里夫金：《生物技术世纪：用基因重塑世界》，付立杰等译，上海科技教育出版社 2000 年版，第 117 页。

(二)问题及意义

人体基因科技由于给人类社会带来了如此美好的前景,所以被称为是21世纪生物技术的“绿色黄金”。[①] 当美国总统克林顿与英国首相布莱尔通过卫星向全世界联合宣告人类历史上第一个基因组草图终于绘制完毕时,就意味着基因科技作为20世纪人类所掌握的最重要的生命科学技术又获得了一次新的巨大飞跃,表明人类已经开始掌握破译自己生命密码的“天书”。在飞速发展过程中,人体基因科技尽管为人类社会带来了巨大的福祉,但一系列伦理和法律问题也接踵而至,传统的伦理观念和法律体系都遇到了严峻的挑战。基因科技可分为与人体相关与不相关的两种基因科技,前者能够直接对人的生命进行“操控”,甚至影响从出生到死亡的全过程,在医学运用中所引起的争议更加尖锐,对人们的生活影响更为广泛和直接。例如通过基因检测可以获知一个人的全部信息,包括性格、致病因子、将来发病时间等,这些信息一旦泄露,将影响其今后的就业、保险、教育以及其他各项基本权利。那么法律该如何保护公民的这些基因权利呢?基因治疗为癌症和遗传病患者带来治愈的福音,可是同时也存在巨大的安全性风险。那么,该如何严格控制基因治疗的适应范围、最大限度地保证其安全实施呢?胚胎干细胞研究由于涉及使用人类胚胎而备受争议,而法律上缺乏对胚胎保护的相应规定,各国对其适用范围也不相同。胚胎究竟是不是人,生命究竟从何时开始起算,胚胎是否应该受到生命权的保障;再如,克隆技术,无论是为了治疗疾病,还是为了满足不孕夫妇延续后代的愿望,当克隆一个几乎一模一样的人成为可能时,被克隆出来的人与克隆的原型人是什么关系等。如此等等的问题摆在了我们的面前,需要我们去解决。那么该如何对这些基因科技的医学应用进行规范和控制,使其为人类谋利益,减少负面影响?如何能促进人体基因科技自由良性发展的同时又能保障公民的各项

① 参见[美]米·里夫金:《生物技术世纪:用基因重塑世界》,付立杰等译,上海科技教育出版社2000年版,第39页。

基本权利？为解决这些问题，各个国家和地区纷纷制定相应的人体基因科技法律法规进行规制。其路径有二：一是对传统的法律进行调整和修改，以适应人体基因科技的发展要求；二是制定相应的专项人体基因科技法，以对某项基因技术的实际研究和应用进行规范和保障。我国于20世纪90年代开始基因科技立法规制建设。但是，随着基因科技的飞速发展，已有法律越来越滞后于技术的发展，并且已有的法律法规多关注于动植物、食品、农业等的安全问题，而没有注重关涉生命和健康的人体基因科技立法。同时，已有人体基因科技的法律层次比较低，多数是法规或规章，需要提高法律位阶。另外，随着人体基因科技在现实生活中的大量应用，产生了很多新的伦理、法律问题，使很多领域产生了新的社会关系，存在大量“法律调整的真空”，不利于社会秩序的稳定和人民基本权利的保障。因此，在这种背景下，研究人体基因科技医学运用的立法规制问题既可以为现实提供规范的法律依据，解决伦理法律争议难题，又可以为将来的立法奠定理论基础，这无疑具有重要的理论意义与现实意义。

二、研究范围

基因科技，即凡被发展用来认识、解读、操纵、改造基因，以达成一定目的的技术。[①] 一切生物体，包括人类、植物、动物和微生物等，都可能成为基因科技活动的研究对象。它具有非常广泛的应用领域：可以改良动、植物品种，比如含有疫苗的菠萝、红薯，含有抗体基因的土豆或玉米，可增加免疫力的茄子等，都属于利用基因科技所制造的转基因植物；可以用来制造人类生活所需的各种产品；可以影响生态环境，比如制造大量释放二氧化碳的转基因林木等。更重要的是，基因科技对医疗领域产生了重大影响，比如，基因预防，制造更有效的基因药物，提供更有效的预测、控制、改善和治疗遗传疾

① 参见叶俊荣、雷文玫等：《天平上的基因》，元照出版有限公司2006年版，第20页。

病与遗传缺陷的方法。总之，基因科技的应用范围涉及农、林、牧、渔及环境等各个方面。

本书的研究范围仅限于对人体相关的基因科技医学运用中的立法规制研究，对使用基因科技产生的转基因动、植物以及对环境影响的立法规制不在讨论之内。根据研究、程序、种类、运用方法的不同，人体基因科技的医学运用又可以分为很多不同项目范围：(1)基因检测，指病人已经有相应症状发生，通过检测了解该病患的基因组成，以便治疗。(2)基因筛检，指有系统地针对某一群体，以搜寻带有某种基因的人，而此时病人可能尚未发病。目前，这两种技术已经广泛地使用在筛检地中海贫血、苯丙酮尿症(PKU)和亨廷顿氏舞蹈症(Huntington disease)等。[①] (3)基因治疗，即利用基因修正的细胞代替或补充受损的细胞，而对遗传缺陷做的改正，从而使病患的生理表现趋于正常。(4)基因重组，即用重组 DNA 技术将基因从一种引入他种之中，如胚胎干细胞研究。(5)器官克隆，主要是经由干细胞分化成人体组织，制造出病人治疗所需要的各类细胞、组织以及器官，然后进行人体移植。(6)无性生殖，即克隆。自从英国科学家创造出“多莉”羊后，已广为社会所知。在以上这些人体基因科技的应用范围中，本书试从整体上去探讨对其进行立法规制的必要性、伦理基础、法理基础以及我国目前的立法规制现状和构建立法规制的体系。

三、创新点

关于人体基因科技医学运用的立法规制，目前我国还有很多不足，本书试图在对我国特有国情及现状进行比较、分析的基础上，寻求适合我国社会需要的立法规范。本书的创新点主要有：

第一，选题方面，以往关于基因科技的论述对于人体基因科技立法规制

① Charles R. Cantor, Cassandral L. Smith, *Genomics: The Science and Technology behind the Human Genome Project*, Wiley-Interscience Publication, 1999, pp. 440-447.

方面研究的很少，有为数不多几篇是研究转基因产品立法或者生物安全立法的论文，还有一些只是在文章中对立法提出的几点立法原则或者是立法建议。较多文章是从伦理学、科技哲学角度进行分析。本书是以多学科为视角并主要是从法学角度进行研究。

第二，内容方面，本书是首次对人体基因科技的医学运用进行整体性层面的立法研究，并且以生物学、医学、伦理学、生命伦理学、法学多学科知识为背景进行论述。

第三，尝试着构建人体基因科技医学运用的法律规制体系，首次提出专门针对人体基因科技的研究制定人体基因科技基本法，拟定其基本框架和主要内容。

第一章
人体基因科技医学运用对法律的挑战及立法规制的必要性

一、人体基因科技医学运用对法律的挑战

“现代基因技术因其对身体、健康，以及对生命创生过程之直接干预能力，而形成了对人类文明价值、社会秩序、伦理观念、法律体制等各领域之重大挑战。”[①]人类社会应该遵循什么样的规范方向和准则？法律该如何应对？本节首先论述人体基因科技的医学运用对法律价值、法律主体、法律权利、法律秩序等几个方面带来的挑战，进而分析立法规制的必要性。

（一）法律价值

人体基因科技的医学运用对法律最根本、最深层次的挑战体现在法律价值方面。现代法律的价值包括正义、平等、自由、秩序等，而人性尊严是法律价值秩序中的根本价值，在国际上也被公认为一项基本价值，如《世界人权宣言》第一条规定：“人人生而自由，在尊严和权利上一律平等。他们赋有理性和良心，并应以兄弟关系的精神相对待。”1967 年，《玻利维亚宪法》在第一章“人的基本权利和义务”第六条第二款规定：“人的尊严和自由不可侵

---

① 颜厥安：《鼠肝与虫臂的管制——法理学与生命伦理探究》，北京大学出版社 2006 年版，第 109 页。

犯。尊重和保护人的尊严和自由是国家的首要义务。”[①]

人体基因科技由于在分子水平上实现了对人类遗传物质的修饰和操纵,使生命的神秘性被消解在化学物质的重新组合之中。一方面,使现代人能够利用技术的力量去改变自身的自然本性以提高生命质量,能找到疾病的致病基因、预测疾病的发生,从而在基因层次上给予治疗,使很多遗传病、癌症患者可能被治愈;另一方面,运用人体基因科技,使人的生命不需要经过受精卵结合至十月怀胎,而是从生到死都可以被人为的计划所取代,生命的“神圣性”被可以控制的“可操作性”所替代。可见,人体基因科技在加强干预人类生命的同时也将人类独有的特性变为可以处置的成分,使人类的自然特性成为一种技术工程的附庸,导致对生命的奇迹感、敬畏感逐渐减弱甚至消失,这使我们不得不深深地思考:面对人体基因科技,人性尊严的价值何以自处?人体基因科技发展对人性尊严带来哪些挑战?

人体基因科技医学运用中,对人类基因的性质争议很大[②],人类基因究竟属于财产权利还是人格权利?属于个人财产还是全人类的遗产?有学者认为,人类基因组存在于我们细胞中的所有 DNA 组成部分,是不可以申请专利的;而有人认为,基因是 DNA 的特定部分,是可以申请专利的。[③] 那么,用人的生殖细胞与动物结合创造出来的“胚胎”是否可以申请专利?是否对人类社会传统的“生命尊严”和“人的本质”认识带来巨大冲击?当人类的基因成为可申请专利的材料时,人性尊严将归于何处?

在人工辅助生殖技术中,出生不再是自然选择的结果,而是利用基因科技操纵生殖细胞技术干预的后果,甚至可以控制后代的生理特征,其目的不在于治疗疾病,而在于获得经过选择的人体特征、性格与智力。那么,这些经过父母精心选择和被技术干预后而“出生”的孩子,是否具有人性尊严?他们的人性尊严与自然出生人的尊严有何不同?如何加以保护?

---

① 上官丕亮:《论宪法上的人格尊严》,《江苏社会科学》2008 年第 2 期。

② 有学者主张建立国家基因库。参见张勇等:《国家基因库概述》,《医学研究杂志》(电子版)2014 年第 4 期。

③ 参见邱格屏:《人类基因的法律地位对“全人类共同财产”的一点反思》,《社会科学家》2008 年第 1 期。

在基因检测、基因治疗研究中，只要一滴血就可以获得全部基因信息，包括性格、致病基因等。这些信息相当于他的生命密码，关涉很多权利，一旦被泄露，难以谈到享受生活、不受干扰的权利。正如某学者所说："人体基因科技的发展，使个人资讯往往被科技权力者所攫取，时时受到可能的窥视危险，直接侵袭与贬抑个人尊严于无形。"[①]显而易见，当一个人以这种状态生存时，其人性尊严早已消失无踪了。

在胚胎干细胞研究中，必须使用人类胚胎进行实验，而目前法律上却没有明确的"人"的定义，缺乏统一的对人以及生命的界定，各国胎儿及胚胎所处的地位也各不相同。[②] 如在法国，胎儿被认为是"潜在的人"，应该受到特别尊重，但却可以将其用于"不再是特定的治疗、诊断和科学目的"；在英国，14 天以内的胚胎可用于科研目的，并可被保存 5 年之久。这就意味着不仅可以利用剩余人工授精的胚胎进行研究，甚至可以专门为研究目的而制造胚胎。而胚胎一旦被植入子宫就有发展为人的可能，如果我们面对人类独特的前期形态，没有尊重而是把其作为实验的材料，久而久之，人类的内心是否还有尊严感呢？胚胎是否具有人性尊严，其尊严是否被侵犯了呢？

在克隆技术研究中，人本身成为技术操纵的对象，从一个人的毛发、血液、皮肤、器官中获取一个细胞，就可以克隆出一个生命。如果我们失去了亲人，还可以很快再克隆出一个一样的生命。当生命不再是我们心目中的奇迹，当获取一个生命易如反掌时，我们如何去寻觅那份对生命特有的尊重和顶礼膜拜呢？又该如何寻求人类生命高于其他物种生命存在的价值和神圣尊严呢？

(二)法律主体

人体基因科技的医学运用对法律最明显的挑战体现在权利主体方面。

① 徐振雄：《后人类社会的人权通识教育：人类尊严的变异与操控》，《实践通识学报》2003 年第 1 期。

② 参见李佳伦：《英国法对人体胚胎的民事法律地位的争议》，《人民司法》2014 年第 13 期。

今天我们所说的“人权”以及种种权利，其权利主体似乎不言自明就是自然人的生命。究竟什么是“人”？“人”有哪些本质性的特征？数千年来哲学、神学、伦理学、生物学、社会学等诸多学科都曾试图作出自己的解答，但是依然没有一个明确的答案。现在基本达成共识的“人”是同时包含生物学、心理学和社会学意义上的人，但首先是生物学意义上的人。如有学者指出：“人”的生物学层面是一个实体作为“人”的必要条件。任何缺乏这一层面的实体都没有成为“人”的资格。而“人”的生物学层面，意味着能够列出独特的人类基因组或独特的人类基因结构。从这个基因组发育出独特的人体和人脑，具有其独特的结构和功能，即将身体作为一个整体整合起来，并使体内与其环境维持动态平衡。简言之，人类基因组、人体和人脑构成一个“人”的生物学层面。[①] 这种对人生物学意义上的界定，对法律权利主体的影响是不明显的。但在人体基因科技时代，作为宪法和法律主体中的“人”却不再是毫无争议，而是受到了很大的冲击和挑战。如用于胚胎干细胞研究的“胚胎”具有发展成为人的潜能，那么是否可以被当作“人”？是否享有“人”的权利？是否具有主体地位？经过人工技术干预后出生的“人”是否具有法律主体地位？其与自然人法律主体有何不同？死亡后的“人”经过提取其体细胞完全可以培养一个几乎完全相同的“人”，克隆人是否具有法律主体地位呢？可见，人体基因科技时代宪法或法律里的“人”不仅指自然出生的人，还需要重新界定法律主体的范围和内涵。

(三)法律权利

人体基因科技的医学运用之所以引起广泛的争议和讨论，其中一个重要的原因就是对很多法律权利带来了巨大的冲击和挑战。这里仅就较为突出的受影响比较大的几种权利加以讨论。

---

① 参见邱仁宗:《论“人”的概念》,《哲学研究》1998 年第 9 期。

1. 生命权

生命权，是一项宪法基本权利，是在任何情况下都不可剥夺的权利。我国现有法律体系下所界定的生命权，与“人”的概念直接相关，即凡是人都享有生命权。不论该人是否只有部分自主性(未成年人或精神障碍者)或无自主性(胎儿或植物人)都应受到保护，生命权的主体似乎没有争议。但人体基因科技条件下，生命权却遇到了多方面的挑战。首先，生命究竟始于何时？生命权的保障范围如何确定？随着人类对人本身了解和控制能力增加，生命的开始从有“生命意识”的个体，往前推进到有“生命现象”的个体，生命现象则始于精子与卵子的融合。[①] 那么大量用于研究和试验的“人类胚胎”是不是人？是构成法律上生命权保障的主体，还是生命权保障的客体？移植于母体内的胚胎是应该视为母亲身体自主权的一部分还是享有自己的生命权？如果是自己的生命权，当合法权益受侵犯时又如何实现？是否应该在法律体系中设置一个新的主体，正如台湾学者所指出的“没有脸庞的主体”或“拟权利主体”呢？[②] 如果胚胎不是人，是否意味着胚胎在任何情况下都可以加以毁损？在法律中是否需要给予胚胎一定的地位？人体基因科技使得“人兽胚胎怪物”能够出生，这些含有人基因的生物是否具有法律意义上的生命权？是否应该得到一定程度的保护，还是人人得而诛之？很显然，这些问题都对目前法律体系中所保护的生命权带来了巨大的挑战。

2. 平等权

平等权是近代启蒙运动以来确立的一项基本人权。平等是指人与人之间在政治、经济、文化、社会生活等各方面处于同等的地位。然而，在人体基因科技时代，平等权却面临着巨大的冲击与挑战。

首先，人体基因科技的医学运用使平等权的主体需要重新界定。《世界人权宣言》指出：“人人生而自由，在尊严和权利上一律平等。”“人人有资格

---

① 关于生命始于何时，学者之间争议很大。有的人认为，生命始于精卵结合那一刹那；有的人认为，生命至少在怀孕后第 14 日存在，如德国第一次胚胎判决、英国人类授精与胚胎学法案；还有的人认为，怀孕 20 周时才具有人的意义。

② 蔡维音：《“拟似权利主体”之法律意涵——重新建构人类基因之法律定位》，《成大法学》2001 年第 24 期。

享受本宣言所载的一切权利和自由，不分种族、阶级、国籍、肤色、年龄、职位、语言、政治或其他见解、出生或其他身份等任何区别，且不得因一人所属的国家或领土的政治的、行政的或者国际的地位之不同而有所区别。"这里的平等权主体已经非常明确，然而人体基因科技的发展将会使"新型人类"出现，比如"克隆人"。克隆人技术是用身体细胞繁殖另一个具有相同遗传特性的生命个体，代替精卵融合产生新生命的方式，这就决定了必然是以一部分人对另一部分人的控制为前提。因为提出克隆的主体是想实现自己的某种目的或价值，而不考虑被克隆出来的主体的要求和感受，克隆人只是实现其目的的一个手段和工具，这必然形成了他们之间的主动和被动的关系。由此，在这种法律制度之下，作为近现代宪法基石的自由平等理念受到了前所未有的颠覆。克隆人与被克隆人分别享有哪些权利和义务？他们与自然人之间的权利与义务是否平等？会不会因为自己是非自然的人而遭到社会歧视？他们会不会成为一个新的"人类"群体，为争取自己的权利而斗争，甚至产生一种新型权利之"克隆人权"？

其次，人体基因科技在生殖领域中的运用也带来新的不平等现象。比如，"优生"。父母事先能够选择孩子的性别、身高、体重、智商、才能等，这些经过遗传基因"改造"的人一旦出生就享有无比的优越性，自身各个方面的起点要比那些基于自然出生的人高很多，那么他们和纯自然人（未经过优生选择的人）之间的平等对话就缺少必要的平台，于是，"人类历史上除了传统的性别、阶级、种族、宗教上的差别外，又出现了一种新的由生物特征界定的两大阵营，这两大阵营的人们由于所处地位的巨大势差，自然不可能形成一种相互认可的主体间的关系，不可能进行相互尊重的交往，不可能形成体现双方意志的共识"①。这样的不平等关系不仅可以存在于同代人的"优生"人与自然人之间，也存在于上一代与下一代之间，"天赋人权"的合理性基础将不复存在，其种种不同将会对法律平等的权利构成致命挑战。

---

① 甘绍平：《克隆人：不可逾越的伦理禁区》，《中国社会科学》2003 年第 4 期。

3. 隐私权

隐私权是自然人享有的对其个人、与公共利益无关的个人信息、私人生活和私有领域进行支配的一种人格权。基因隐私权是自然人对其本人的、一般与公共利益无关的基因图谱、基因材料样本或者其他基因信息及其物质载体加以控制不受他人侵犯的一种人格权。[①] 人拥有对其本身基因信息的隐私权。更精确地说,则是人对于其基因信息之保密、秘密、流通、运用等,拥有信息之自主决定权。[②] 基因信息是一个人最重要最基本的隐私,因其可以预测人类身高、体重、癌症或其他疾病概率等未来健康状况[③],一旦这些信息向他人和社会披露,将可能造成极为严重的后果,直接影响到这个人未来的一切工作和生活。目前在西方一些国家,以基因信息为基础的社会歧视经常发生在就学、就业、保险、婚姻家庭等领域,更可怕的是发生在基因诊断和医疗领域,一滴血就可预知你未来健康状况、发生疾病时期以及死亡年龄等。未来基因科技时代,一个人的基因隐私远远不只是民法上所保护的权利,应当是宪法所保护的重要基本权利之一。有些西方学者甚至将“基因隐私权”视为“21世纪的首要人权”。[④] 可见,这对如何在法律上增加或修改保护基因隐私权的问题带来巨大挑战。西方发达国家在保护基因隐私、防止基因歧视方面已经做了大量努力。在美国,已经有很多州通过了防止保险公司进行基因歧视的法律和禁止雇主进行基因歧视的法律。这些州法律均赋予公民以“基因隐私权”,规定公民有权决定是否进行基因检测以获知自己的基因信息,有权决定谁可以获得自己的基因信息,以及禁止基因信息歧视的法律。如2000年2月8日,克林顿签署了一项行政命令,禁止在联邦雇佣人员方面进行基因歧视。我国目前在宪法与民法侵权行为上没有明

---

① 参见李见恩:《基因科技面临的人权困境及出路》,《中国西部科技》2007年第9期。

② 参见颜厥安:《鼠肝与虫臂的管制——法理学与生命伦理探究》,北京大学出版社2006年版,第125～126页。

③ 参见郑晓薇:《论基因信息于人身保险核保使用之正当性》,《陕西青年职业学院学报》2014年第1期。

④ 参见罗玉中、焦洪涛、鄢斌:《基因·克隆·法律问题》,《华中科技大学学报(人文社会科学版)》2002年第4期。

确隐私权的概念，但1992年通过的《妇女权益保障法》规定“禁止用侮辱、诽谤、宣扬隐私等方式损害妇女的名誉和人格”以及最高人民法院《关于贯彻执行〈中华人民共和国民法通则〉若干问题的意见（试行）》第一百四十条的规定，可以看出隐私权也是一项重要的人格权。[①] 鉴于目前人体基因检测技术使用越来越广泛，侵犯公民基因隐私权的现象越来越多，所以在法律上清楚界定基因隐私权的内涵和保障范围，是现实的迫切需要。

4.知情权

基因知情权是与基因隐私权相对的一项权利。知情的主体分为两种：自己和其他公众对自己基因信息知道、了解的权利。当通过基因检测或基因诊断等技术获取一个人的基因信息时，被检测者有权利被告知相关各种关于疾病、性格以及影响工作和生活的各种信息，同时有权利拒绝这些信息被公众了解，尤其是不能让就业、保险、教育及其他机构知情，除非是出于对公众利益的考虑，比如，存在极其危险的犯罪基因，或对公众健康、安全可能造成危害的致病基因等，公众有权利知道，并在法律上应采取防范措施。另外，在人体基因科技研究过程中，研究人员要采集大量的基因、血液、人体组织等样本进行研究，如果没有相应的知情权保护，公民在不知情的情况下被采集基因进行研究和利用，后果将是非常可怕的。2000年12月20日，美国《华盛顿邮报》上登载了题为《挖掘农村DNA富矿》的文章，报道了自1995年以来，在哈佛大学公共卫生学院徐希平博士协助下，中国安徽大别山附近数以万计的百姓为哈佛大学与中国的合作项目“贡献”了血样，这些血样进了哈佛基因库，最终用于对哮喘病、糖尿病和高血压病的研究。后来经过新华社记者调查，指出这次国际合作是“以牺牲公众知情权和国家利益为代价”的，因为经过访问被抽过血样的农民，他们只是被告知参加体检，并不知道其血样是用来做基因研究的，更没有人同他们签过“知情同意书”。[②] 可见，我国的相关知情权的法律规定还很不完善，面对人体基因科技研究引起的种种不知情的危险，显然是一个极大的挑战，需要迫切制定相应法律保护

① 参见王利明：《人格权法》，法律出版社1997年版，第18页。

② 参见刘丽群：《基因研究中的知情权探析》，《西安文理学院学报》2005年第1期。

基因知情权。

5. 专利权

人体基因科技医学应用对专利权带来的挑战首先是人体基因本身是否可申请专利。基因专利究竟属于发明还是发现？基因治疗属于一种新的治疗方法，是否可以申请专利？相关基因产品是否可申请专利？专利法一般规定获得专利必须具有新颖性、创造性和实用性三个条件。而在人体基因科技条件下，对基因专利保护问题却发生了很多争议，专利保护范围也有不断扩大的趋势。西方国家已经开始授予科学发现以专利保护，如美国于1997年3月批准一项基因表达序列片断的专利申请，从而出现世界上第一个获得专利的基因。[①] 1995年以后，美国又出台了新的实用性审查指南，认为只要一项发明方案在本领域普通的技术人员看来是可信的或者其实用性是显而易见的，就算满足了实用性的要求，这实际上是放宽了申请专利的实质性审查标准。[②] 由于基因专利潜在的商业价值和高额回报，使各国机构和公司都纷纷进行巨额投资，抢占市场。这无疑是对专利制度不完善国家的巨大挑战。我国虽然经过1992年、1993年两次修改专利法，并删除了《专利法》第二十五条中对"药品和使用化学方法获得的物质"不授予专利权的规定，明确基因也属于使用化学方法获得的物质，同样可以获得专利保护，扩大了我国获得专利保护的范围。基因科技相关发明虽然在我国也可获得专利保护，但仍然不足以保护人体基因科技发展中带来的各种挑战，比如，基因产品的专利保护问题。在美国，市场上销售的基因工程药物有53种，正在审批的有350种左右，正在研制的约有2200种。这些药物都有专利保护。而中国市场上目前有15种基因工程药物在销售，其中只有一种有自己的专利。报告显示，我国97.4％以上的西药都是仿制的，生物制药中至少90％是国外申请的专利。[③] 另外，我国《专利法》第二十五条规定，疾病的诊

① 参见陈传夫:《高新技术与知识产权》，武汉大学出版社2000年版，第23页。

② 张清奎:《生物技术专利保护面临挑战》，江西省科学技术厅网：http://www.jxstc.gov.cn/ReadNews.asp? NewsID=1003，访问时间为2010-2-24。

③ 参见谢卫群:《基因产业，能与微软比肩?》，《人民日报·华东新闻》，2000-07-12。人民网：http://www.people.com.cn/GB/paper40/988/140342.html，访问时间为2009-11-5。

断和治疗方法不能获得专利保护，由此排除了基因诊断和治疗方法的专利保护。但没有了专利保护，一方面，人们缺少进行开发研究的动力，或者开发出治疗方法后不愿让公众获知，因为没有回报，最终损害了公共利益；另一方面，使国外机构和集团更容易对我国的基因资源进行“挖掘”，然后在其本国申请专利保护，最终损害了国家利益。因此，如何制定相关法律对基因专利进行保护，平衡各种利益，应对人体基因科技带来的挑战，是摆在我们面前亟待解决的问题。

6.后代权利保护

由于父母可以通过人体基因科技对子女出生及未来发展加以操控，从而引发了一系列的伦理法律争议。首先，对自己身体的自主权属于人性尊严的应有含义，即选择如何延续后代的权利。当基因工程人为地干预自然生殖过程时，虽然满足了父母可以自由选择延续后代的自主权，但同时必然涉及后代的自主权利问题。他一旦得知自己是在试管里出生的，发现父母为其选择的相貌、性格及智力特征不符合自己的要求，是否会觉得自己的尊严受到了侵犯？不久的将来，在“出租子宫”“人造子宫”或“动物子宫”里孕育人类胚胎都会成为可能。作为后代的“人”的尊严是否受到了侵犯？是否具有基本权利？根据目前法律，父母是子女的监护人。基于亲权，他们有权利对孩子进行管教。那么，在人体基因科技时代，父母是否有权利为自己的后代选择生理、力量、智慧等特征？子女出生后觉得父母的选择不符合自己的愿望，是否有权利放弃或更改？是否有权利向父母索取赔偿？目前法律对婚姻家庭、亲权、继承权等各项权利恐怕都需要重新界定。所以，如何防患于未然，设定当代人的“权利界限”或“代理后代”对后代人进行有效的权益保护无疑是对当代法律的一个重要挑战。

（四）法律秩序

目前社会秩序是建立在原有的法律基本价值基础之上的，由现有的宪法和法律给予维护。可是，当基因科技的医学运用给法律价值、法律主体、各项法律权利带来了一系列冲击时，对社会的基本法律秩序也带来了巨大的挑战。每个人都是社会的组成细胞，家庭是构成社会的基本单位。人体基因科技在生殖领域的干预，使不经过传统的性就可以得到自己的孩子，并能选择自己所需要的后代基因。随着技术的发展与成熟，未来以这种方式“出生”的人会越来越多，对传统的社会家庭伦理秩序就带来巨大的挑战。当克隆技术达到一定的程度，甚至有可能普及程序化，那就意味着彻底改变了人类现在的生殖方式，即改变了人类社会的基础性基本制度——亲属关系制度及其价值规范与观念。[①] “家庭”不再是我们传统意义上所理解的家庭，可能没有父母，只有父亲或者母亲；可能只有一对父母，也可能有几对父母，但都是遗传学意义的、社会学意义的、抚养意义的等。他们之间不一定具有血缘关系，传统社会中的“五伦”也不再存在，生养自己的父母完全可能使用了别人的基因，大家仿佛只是临时居住在一起的群体，彼此之间没有亲情。家庭、亲属作为最基本的社会制度，维护着由它所形成的基本社会秩序。当人的生产方式、生活方式甚至社会存在方式都发生了改变，当人与人之间最基本的亲属关系都失去了意义时，原来所维护的社会秩序也就发生了动摇。从这个意义上说，基因科技不仅能改变人的生理特征，也可以改变整个社会的特征。当个人为追求完美对生命个体的出生、成长甚至死亡都进行有计划的干预时，必然会给社会造成生命客体化、人种单一化等问题，破坏了原有的社会秩序。那么，该如何从法律上界定个人追求完美与社会和谐之间的关系呢？又该如何平衡个人利益与社会公共利益呢？

二、人体基因科技医学运用立法规制的必要性

人体基因科技医学运用对上述法律价值、法律主体、法律权利、法律秩序等带来的各种挑战，不仅仅日益渗透于人们的生活，而且对人类的生存环

① 参见甘绍平、叶敬德：《中国应用伦理学》，中央编译出版社 2002 年版，第 89 页。

境和安全都带来种种潜藏的危险，必须采取积极的、预防性的法律规制手段以避险除害。目前现有的局部的、零星的法律法规以及规章已无法为人体基因科技的发展提供足够的规范保障。"直接针对人体的基因科技研究活动或成果进行避险除害的安全性规制，亦即防护性基因科技法律规制，已属现阶段科技发展之安全性考虑下无可回避的一大课题。"[①]下面从三个方面论述对人体基因科技立法规制的必要性。

(一)应对新型生命社会关系的需要

随着人体基因科技医学运用的迅速发展，引发了与生命的孕育、出生、健康、死亡相关的新型社会关系的出现。例如，进行人工辅助生殖时需要使用捐赠精子，那么后来出生的孩子与捐赠者的关系该如何认定？在进行基因检测中，研究机构利用被检测者的人体组织进行研究获得了新的发明，那么谁可以拥有对此发明的专利，研究者还是被检测者，抑或是二者共同拥有？进行科学研究的个人与其所在的研究机构对于新发现的疾病致病基因应该如何分享利益？对人类基因资源进行的研究，是否可以申请专利？无论哪种关系，都比传统的社会关系更为复杂、曲折，都对法制提出了合理调节、保障权利、稳定社会秩序的要求，人体基因科技医学运用的立法规制研究恰好能够满足新型社会关系对法律的需求。

另外，新型社会关系比较复杂，与全人类命运息息相关，会产生很多新型的权利，需要增加新的义务内容，需要适应新情况的科技法律规制。传统的法律部门对此已显得束手无策，原有的法律调节手段也不能满足这种需求，需要新的法律、新的调节手段进行规范。倪正茂教授曾说："传统方式下人类生命的产生是基于男女两性性爱的自然生育过程。其形成的社会关系已由婚姻法、民法等传统部门法加以调整。而非传统方式下人类生命的产生是指依据新生殖技术而诞生生命，包括人工授精、试管婴儿、代生母亲和

① 蔡宗珍：《程序导向的基因科技立法必要性与其规范内涵初探》，《生物科技与法律研究通讯》2001 年第 9 期。

无性繁殖。上述一系列新的生殖技术产生了各种复杂的社会关系，传统法律部门已显得束手无策。”[①]因此，加强对人体基因科技的立法规制研究，以强有力的法律手段快速调节或预设性地调节已经出现或即将出现的新的社会关系，把诸如基因重组技术、克隆技术等可能给人类社会带来大震荡的基因科技纳入法制轨道是应对新型社会关系的重要途径。

（二）促进人体基因科技良性发展的需要

“人类历史上任何一种新的科技成果，从诞生于世起就不仅仅是科技领域的事情。因为它对整个世界的社会结构、道德伦理、政治理论、法律体系、生活方式和社会心理所带来的巨大冲击，常常是最开始从事相关研究的科学家始料所及的。有许多专家指出，既不能夸大基因技术的作用，也不能忽视其未来在临床上的巨大应用前景，应该科学地对待。尤其是给基因技术应用设置一道‘法律门槛’是非常重要的。”[②]早在四年前，美国著名基因科学家埃里克·兰德尔呼吁：在人类对基因科学有进一步了解之前，应禁止对人类进行基因改变的实验，基因研究要有“准入”制度。什么可以研究，什么样的研究要接受审查，要有法律条文来约束。[③] 佛教也有一句箴言：“开启天堂大门的钥匙已在你们每人的手中，但它也能打开地狱的大门。”[④]基因科技的应用可以使人们解决物质问题，防病治病，记录的是通往天堂善的一面，但也有制造基因武器、基因毒物引发战争毁灭人类的可怕一面。因此，如何避免基因科技滥用，使其朝着良性方向发展是一个非常重要的问题。一方面，需要科学家们增强责任心，遵守伦理道德而工作；另一方面，则需要法律的引导或约束使之向良性发展。当然，法律制度一方面可积极地确认人体基因科技的合法领域，促进其进步和发展；另一方面也可以使人类免受科学技

① 倪正茂：《要重视生命法学的研究》，1997 年 7 月 14 日《文汇报》。
② 吴学安：《国际法律框架中的基因技术应用》，《检察风云》2008 年第 2 期。
③ 参见吴学安：《国际法律框架中的基因技术应用》，《检察风云》2008 年第 2 期。
④ 黄丁全：《医疗法律与生命伦理》，法律出版社 2007 年版，第 16 页。

术的支配，或被其副作用所伤害。法律的作用通过两种途径得到发挥：利用强制力量对基因科技的滥用进行防范和规制；确认适应人体基因技术发展的伦理观，以促进其发展。所谓“伦理观”，是指关于以人际辈分关系为基础的稳定性道德关系的观念。其要点在于：第一，辈分关系不能混乱、颠倒；第二，只有这种辈分关系不混乱、不颠倒，才是道德的；第三，道德的辈分关系应是稳定的。显然，这种作为观念形态的伦理观，来源于物质性的血缘家庭关系，是血缘家庭关系的反映，是血缘家庭关系这一客观事实的主观性衍生物。[①] 中国数百万年来，伦理观就是稳定的血缘家庭关系。当人体基因科技使“无性”生殖成为可能，当克隆技术的发展使人与人之间的关系彻底改变，这种以血缘关系为纽带形成的家庭关系就受到巨大的冲击。结果就是，迫切需要重建符合现代人体基因科技发展的新的伦理观，并使之规范和引导人体基因科技研究行为，同时成为立法规制的伦理基础，指引立法规制的方向。这样，在伦理观念和法律规定层面都对人体基因科技的科研人员设定了“规矩方圆”的界限，要求其在法律确认的伦理观念范围内从事研究和试验，从而规范人体基因科技的研究行为，促使其朝着良性发展。当然，人体基因科技的负面影响非常复杂，法律必须扮演“刹车”的角色，从正反两方面控制其更完善地发展和服务于人类社会。

（三）防范人体基因科技滥用的需要

人体基因科技的医学运用被称为“双刃剑”，一方面，能给人类带来巨大的社会利益、健康利益和生命利益，甚至使人获得永生；另一方面，也如同打开了“潘多拉”的盒子，各种欲望难以遏制，一旦达到极致将会导致毁灭人类的后果。没有任何一种生命科技的运用不会产生负面效应，关键是在肯定积极作用的同时，找出其消极影响所在，直观地加以审视，并进行有效的控制。伦理和法律都是能规范和控制其负面作用的重要手段，但法律控制因

① 参见倪正茂、刘长秋：《生命科技法学论要》，黑龙江人民出版社2008年版，第10页。

其固有的强制力特性，所以比伦理规范的控制更加有效。有个比喻非常形象生动：如果把科学创新比作是充满激情的足球运动的话，那么法律则是这场激情游戏的“黑衣裁判”。一言以蔽之，在当今人体基因科技大力发展阶段，尤其需要法律这个“黑衣裁判”来阻止和防范基因科技各领域的“犯规动作”。[①] 有了相应法律的保障，不仅能维护伦理要求，还能进一步拓展人体基因科技的发展空间。比如，胚胎干细胞的研究应用，对人的器官和组织的修复或移植供体培养有巨大意义，能挽救很多生命。但毁坏抽取了干细胞以后的胚胎是否符合伦理？如果克隆人类胚胎进行研究，是不是对生命的亵渎？各国伦理观念不同，所采取的做法也不一致。很多国家认为胚胎是人，选择禁止克隆人类胚胎，导致胚胎干细胞的重要来源被堵塞，从而阻碍了胚胎干细胞的进一步研究和应用。我国为了充分发挥胚胎干细胞的积极作用，遏制其负面影响，制定了妥协的法规：允许对发育至 14 天以内的人类胚胎提取干细胞，即允许治疗性克隆研究，但明确规定，禁止生殖性克隆人研究（不允许把胚胎植入子宫）。这样，既没有违反传统的伦理道德观念，又能促进我国胚胎干细胞进一步发展。

另外，人体基因科技医学运用带来了很多新的行为类型和内容，大大超出了现有法律规范的调整范围，使很多领域存在“法律的真空”。因此，需要加强人体基因科技立法，完善法律制度，来规范和控制其带来的各种影响，保护公民权利及社会、国家利益。相反，美国对基因资源以及专利保护方面的法律规定比较完善，使美国在医学以及专利制度方面取得了举世瞩目的成就，不仅防止了基因资源的滥用，同时使有限的资源发挥了更大的社会效益。可见，运用法律规制严格防范基因科技发展所造成的各种消极后果，是防止其滥用的最佳手段。

① 参见吴学安：《基因技术应用呼唤法律介入》，http://www.sciencenet.cn，访问时间为 2009-11-5。

第二章
人体基因科技医学运用立法规制的伦理基础

分析了人体基因科技的医学运用对法律带来的挑战和对其立法的必要性之后，接下来要探讨的是：应该如何对人体基因科技的医学运用进行立法？哪些人体基因科技应该促进其进一步发展？哪些基因科技应该禁止其发展？应遵循怎样的规范与原则？

一、人体基因科技医学运用引发的伦理问题及其解决途径

(一)伦理问题及其论争

人体基因科技的医学运用由于拥有对人的受孕、出生、身体健康、智商、躯体构造以及生命历程等加以控制和把握的能力，而引发了巨大的社会震撼，同时也给当代社会带来了巨大的伦理挑战。“它们与传统的伦理道德发生碰撞，大致上围绕五个相互联系、相互影响、相互渗透的层面而展开，即基因—生殖；基因—检测；基因—治疗；基因—克隆和基因—生态层面。”[①]随着

① 沈铭贤：《科学哲学与生命伦理——沈铭贤文集》，上海社会科学院出版社 2008 年版，第 253 页。

人体基因科技的医学运用发展，所引起的伦理问题也各不相同。由于本书的研究范围限于与人本身应用相关的基因科技，因此在这里基因生态层面不作过多讨论。本节围绕着前四个层面的伦理争论来介绍人体基因科技医学运用带来的主要伦理问题。

1.优生：基因—生殖技术的伦理争论

20世纪70年代，第一个“试管婴儿”的诞生，引起了第一场伦理论争。

这次论争的双方是遗传学科学家和神学家，主要焦点问题是人类是否有权利进行优生。

对于利用基因技术优化人类的见解，早已存在。1962年，动物学家赫胥黎就想到了通过遗传选择来改善世界居民的智力质量，从而使人类达到“完满”。遗传科学家们认为，通过用健康的基因取代有缺陷的基因，可以从根本上预防或祛除目前人类已经确诊的800多种遗传疾病的发生，最终可以借助技术手段，而不是通过道德、政治、社会手段来解决人类的优生问题，实现对人类繁殖的控制。基因决定论是支持优生的科学家们所持的主要理论，这种理论主张人类行为、智能、认识、体育运动能力、道德状况，甚至阶级都是由基因决定的，从而夸大基因等生物因子的作用，没有给自由意志、环境等因素留下空间。

而反对方认为，利用技术进行基因改造，是“扮演上帝”(playing God)的“越界”行为，因为上帝创造了人，每个人都是一个拥有着神圣不可侵犯权利的主体，任何人都不应将自己更无权将别人作为科学研究的试验品。生殖是男女媾和的自然过程，与性不可分割。利用基因技术辅助生殖“人”，把性与生殖、遗传性父母与社会学父母分开，岂不是乱了上帝的规矩？正如著名天主教哲学家保罗·拉姆齐所说：“人们在学会做人之前，不应该去充当上帝；而当他们学会做人之后，则不会去充当上帝。”① 可见，人类基因组的破译引发的最根本的伦理问题就是：人类应该成为上帝吗？人类有能力成为上帝吗？另外，从科学上看，优生观点的错误在于：试图制定规划来控制基

① 转引自[德]库尔特·拜尔茨：《基因伦理学》，马怀琪译，华夏出版社2001年版，第179页。

因缺陷者减少是不可能的,因为只根据基因的表现型来判断人的健康与否是不正确的,健康的人也带有致病的隐性基因,而该基因又会发生自然突变,且自然突变不可避免,其概率为3%~5%,即使所有的身心残疾人都不生育,人群中身心残疾人的比例总是在3%~5%[①],并且,没有几种疾病可以清楚无误地归因于某一种基因,多数情况下某种疾病往往是由十几种基因共同作用的结果。

上述争论反映的核心伦理问题是:如果基因技术被允许,人们究竟是否有权利对未来人类的遗传特征进行干预?对导致遗传疾病基因的修正目前大家没有什么争议,有争议的是人们根据自己意愿对未来人的遗传特征进行积极干预的行为,比如选择增强基因、改变基因等。争论的焦点是:人们是否拥有干预他人遗传基因的权利?谁能拥有这种权利?拥有这种权利的正当性在哪里?在对人的遗传基因干预过程中,我们当代人是行为的主体,而风险与后果却由未来的后代承担,那么我们是否可以在未经当事人同意的情况下置他于风险之中?

2.基因隐私与歧视:基因—检测—治疗技术的伦理争论

第二次伦理论争是发生在20世纪的七八十年代。争论双方为分子生物学家与生命伦理学家,争论的焦点在于基因检测和基因治疗引起的基因隐私与基因歧视的问题。

随着人类基因组计划的完成,科学家们破译了人类基因组的"生命密码",绘制出精确的人类基因组图谱,使我们对遗传的机制和重要性有了进一步认识,并且有可能通过基因检测、基因诊断、基因治疗等手段来预防和治疗大约6000多种遗传病以及与遗传密切相关的其他疾病如癌症等。但随之而来,引发了一场伦理争论。

分子生物学科学家基于基因技术在分子水平上的不断进展,对改造人类遗传物质越来越有信心,认为干预人类基因的可能性不断增大,他们认为不能因为产生伦理问题而停止基因技术前进的脚步。

① 参见邱仁宗:《人类基因组的伦理和法律问题》,《科技与法律》2000年第3期。

但是,伦理学家们尖锐地指出,基因科技的医学运用不仅是技术的安全性问题,同时产生很多伦理问题。其中基因检测和基因治疗引起的核心问题是基因隐私和基因歧视。遗传信息具有独特性、不能控制、易得性、概率性、家族性等特点,包含着疾病、健康、性格、智力、行为等各方面的信息。这些信息由于基因技术的发展越来越容易获取,而一旦被泄露,其隐私权就受到了侵犯,今后的就业、结婚、保险、情感方面都会受到影响。究竟谁有权利知道这种信息?如果一个人通过基因检测,证实携带某种致病基因,有可能在一定年龄发作,是否有权要求不被公开?因此,对个人的基因信息,要求有特殊的保护隐私和保密的措施,否则极易导致个人隐私权的丧失。

与基因隐私密切相关的是基因歧视问题,是指根据基因差异引起的歧视。与目前现实中的性别、年龄、性取向等歧视不同,基因歧视可能发生在各个层面。比如,发生在雇主和员工之间、保险公司和投保人之间、学校和学生之间、恋人之间,甚至互不相识的陌生人之间。一旦知道某个人带有某些致病基因,将不可避免地发生歧视。人们之间将会出现"好基因"和"坏基因","漂亮基因"和"丑陋基因","聪明基因"和"愚笨基因"等不同"级别"的基因层级,平等是否还可能存在?这次争论除引起上述焦点伦理问题之外,还有很多伦理问题。比如,生殖细胞的基因治疗,不仅影响到接受基因治疗者本人,而且转移的遗传物质还可随生殖细胞代代相传,涉及后代子孙的权利。我们有权利为后代进行选择和治疗吗?

由于基因技术的昂贵,很难推广到所有成员和各个年龄群,一些人会利用基因技术用于解决诸如秃顶、肥胖等问题,而不是解决大多数人的健康问题,那么,基因检测与治疗是否可能会成为少数人的特权?是否会加剧社会不平等、经济不平等现象?

基因检测的 DNA 样本应该如何从个人那里获得?是否必须将为什么和如何获得 DNA 样本以及可能出现的问题告知提供者,并获得他们的自主同意?

人类基因的分离到应用,都与健康、疾病密切相关,因此,疾病家系、人群、患者的遗传资源具有巨大的科学、经济价值。我国人口众多,有广泛的疾病谱基因资源，如果充分利用，可促进对遗传疾病的预防和治疗，提高本国的健康水平。但如果不正当使用，运用到军事、生化武器等方面，其后果不堪设想。那么，该如何保护我国的遗传资源，遏制其滥用呢？

3.技术异化：基因—克隆人技术的伦理争论

1997年2月，英国罗斯林研究所公布克隆羊“多莉”问世，由此又引起一场轩然大波。这次的争论涉及基因学家、生殖学家、政治家、伦理学家和法律专家等多个领域专家。争论的焦点在于，克隆技术是否会导致技术的异化。

支持克隆人的一方认为，克隆人研究具有重大理论意义，站在研究自由的立场为克隆人辩护，认为克隆研究可以揭示生物体分化发育的许多奥秘，为再生医学的发展奠定理论基础。也有学者认为，克隆胚胎分化成所需要的器官进行移植，有利于克服免疫排斥，增加移植手术的成功率，同时由于克隆技术在确定基因功能、诊断和预防等方面的优势，为攻克遗传疾病、癌症等疑难杂症开辟了新的途径。还有学者认为克隆可以帮助不孕不育夫妇获得后代，这也是支持克隆人的一个重要理由。

反对克隆人最强烈的意见来自于包括天主教和反堕胎组织在内的一些势力，他们不但坚决反对生殖性克隆，而且认为治疗性克隆同样也损害了人的价值和尊严，其理由主要是认为克隆人技术可能导致生殖性克隆的出现，技术风险性极高，破坏了基因的多样性，克隆人的社会地位和法律地位无法确定，给社会观念带来极大的冲击等，这些来自技术与伦理的双重担忧，促使各国政府和科学家提出了禁止克隆人的要求。

这次争论的焦点伦理问题是：克隆是否会导致技术的异化。比如，利用克隆技术进行人兽嵌合体的研究。如果将人胚细胞注射入动物胎儿，它们可能会移动到发育机体的生殖系统，产生人类的精子和卵子。如果这两个嵌合体交配，一个人类精子使一个人类卵受精，就会在一个动物子宫里生长出一个人类胚胎，那么，这种既有人的组织又有动物组织的嵌合体，究竟是人还是动物？我们对这些研究是否应该禁止？是否允许其研究但应该进行适当管理？一些人主张禁止嵌合体研究，因为其跨越物种界线，有损于人类尊严，但这些理由是否充分？如果遵循伦理的不伤害原则是否就可以研究？当然，目前还有很多利用基因克隆技术进行非为人类造福目的的研究行为，这里不再一一列举。

(二)伦理规范调节的必要性

德国当代法哲学家阿瑟·考夫曼(Arthur Kaufmann)曾指出："科学家问的是：什么是我们能做的？而伦理学和法学要问的是：什么是允许做的？"[①]可见，并不是所有技术上能做到的都可以做，人体基因科技尤其如此，需要伦理和法律在人类技术行为的可能性范围内划下界限。所不同的是，法律是社会矛盾冲突到了非国家强制力介入无以解决的程度才能够使用，而伦理规范则从人体基因科技的研究开始就相伴相生。

1. 伦理是正确指引人体基因科技医学运用发展方向的需要

狄尔鲍拉夫曾提出了这样一个问题："人类逐渐向其能力所及的领域扩展，这种时候应考虑的问题是凡是人'能够做到的事，做什么都可以吗'？是不是要限制人类的任性和放纵？是不是要有一个类似行动指南的规范？如果回答是肯定的，那就意味着技术性行为要受道德原则的支配。"[②]科技伦理规范就是观念和道德的规范，它要规范什么呢？简单地说，就是从观念和道德层面上规范人们从事科技活动的行为准则，其核心问题是使之不损害人类的生存环境条件和生命健康，保障人类的切身利益，促进社会的可持续发展。[③] 这同样也是对人体基因科技研究的要求。现代人体基因科技一方面促进伦理的变革，使伦理更好地适应科学和时代的需要；另一方面，伦理也要对人体基因科技发挥规范和指导作用，使科学更好地为人类造福。二者相辅相成，携手合作，缺一不可。人体基因科技由于直接以人自身为研究

---

① 转引自颜厥安：《鼠肝与虫臂的管制——法理学与生命伦理探究》，北京大学出版社2006年版，第4页。

② 转引自[日]池田大作：《走向21世纪的人与哲学》，北京大学出版社1992年版，第339～340页。

③ 参见贾民伟、刘耀胜：《面临科技挑战的伦理对策》，《科技进步与政策》2001年第4期。

对象，操控人的能力增强，更有必要由伦理规范和原则进行引导。

20世纪70年代初，基因重组技术获得重大突破，意味着人类有可能按照自己的意愿把一种物种移植到另外一种物种的结构中，甚至创造出“人兽结合”的新生物。从科学上看，这无疑是开天辟地的成就。按照“技术迷恋症”的观点，人类会不顾一切地追求新的尝试，不断进行新的基因重组技术试验和成果。但是，美国斯坦福大学的P.伯格教授，作为基因重组技术的开创者之一，却敏锐地意识到了基因重组有可能造成难以预料的后果。于是，他毅然决定暂停实验，并联系一些著名科学家，公开呼吁要注意重组DNA的“潜在生物危险”(如合成对抗抗生素或传播癌基因的微生物)，自愿推迟某些实验。后来，主要是在伯格的推动下，终于在1975年2月召开了“重组DNA分子国际会议”，制定了若干原则和规范，以保证实验的安全可靠，不造成危害等。这在科学史上意义极为深远，因为这是科学家们第一次出于伦理的考虑，主动暂停一项很有前景的实验，并且采取措施进行限制实验。

2000年12月2日，中国人类基因组社会、伦理和法律委员会通过了一项声明，承认人类基因组是人类共同遗产的一部分，坚持人权的国际规范，尊重参加者的价值、传统、文化和人格，以及接受和坚持人的尊严和自由。从以上这两个例子来说，在人体基因科技的研究活动中遵守一定的伦理规范是保障其良性发展的必要条件，一切不符合伦理道德的科技活动必将遭到人们的异议和反对。人体基因科技的伦理规范赋予科学家们冷静和理智，与法律规范一起，保障科学家们的科技研究活动始终沿着造福全人类的正确方向前进。

2.伦理是规范人体基因科技成果医学运用的需要

当今人体基因科技的医学运用不仅使人类认识和改造世界的能力、广度和深度都达到了前所未有的程度，更重要的是人类能够干预自身生命的全过程，越来越能够扮演“上帝”的角色，过去很多无法想象的事情现在都能够做到。但是，并不是所有技术上能够做到的事情就是应该做的。究竟哪些该做，哪些不该做？则不是技术本身能够决定的，需要伦理道德对科学家的科技行为进行价值评价和规范。比如，自从1997年2月克隆羊“多莉”问世以来，关于克隆人的问题就引起了普遍的关注。究竟是否应该克隆人，什么条件下可以克隆人，克隆人在什么目的下是正当的，什么情形坚决禁止克隆人，在这些问题上，伦理的制约显得非常必要。随着人体基因科技成果在医学上的不断应用，大量用于治疗疑难杂症的基因药物从实验室走向市场，潜藏着巨大的商业利益。基于基因信息之上的专利权大战已经拉开了帷幕，有人担心的“基因殖民主义”已经诞生，科学家、商人、企业、消费者之间存在着不同的利益需求，而目前的相关法律还不完善，所以更需要用伦理来规范和制约人体基因科技成果的医学运用；否则，一旦滥用，后果不堪设想。

3. 伦理是应对人体基因科技医学应用消极影响的需要

培根在提出“知识就是力量”的同时，还在《新大西岛》中描绘了一幅科技铸就的人间天堂胜景。在那里，所罗门研究所的贤人们运用科学技术，使人人都过着富足而健康的幸福生活。长期以来，我们像新大西岛的公民那样普遍相信，科学技术酿出的尽是有益于人的琼浆玉液，只有造福人类的一面而不会有危害人类的另一面。[①] 但是，随着人体基因科技的发展，新大西岛的乌托邦终究是虚幻，尽管科学技术给人类带来的主要是福祉，但随着科学技术的迅速发展和广泛应用，科学技术带来的种种负面影响已经成为现实的存在，并引发了基因歧视、基因不平等、基因隐私等很多伦理问题。更可怕的是，基因科技一旦被滥用，有可能使人类面临毁灭的危险。比如，利用基因科技制造基因武器，重组有超级能量的怪物，重组出有各种怪癖的生物，克隆人来控制世界等。当这些负面效应开始出现，而相应的法律并没有制定出来时，迫切需要伦理的规范和调节。可以说，伦理的作用是不可替代的，其实这可以追溯到人体基因科技的开始。作为足以和曼哈顿工程、阿波罗登月计划相媲美的人类基因组计划（GHP），1990 年首先在美国实施，准备用 15 年的时间，破译人体 23 对染色体大约 30 亿碱基对的排列顺序，并绘制其中约 3 万个基因的机构草图。这个跨世纪的伟大计划在科学史上首次规定了必须进行相关的伦理、法律和社会问题研究。美国的 30 亿美元 HGP

---

① 参见沈铭贤：《科学哲学与生命伦理——沈铭贤文集》，上海社会科学院出版社 2008 年版，第 189 页。

专项资金，从一开始就规定用其中的5%(1.5亿美元)经费开展伦理等问题的研究。这一重要的指导思想也已为国际科学界所接受，并成为人们进行基因组研究的共识和规范。为此，国际人类基因组还专门成立了委员会，并进行了卓有成效的工作。比如，目前非常热门的治疗性克隆研究，国际人类基因组织已表示支持，但严格规定只能用14天以内的胚胎，并再一次明确反对生殖性克隆和人与动物杂交的研究。当然，谁也无法保证这些伦理规定一定会被遵守，但终究是表明了伦理规范已经被纳入了科学的范畴，并逐渐建制化。

(三)解决问题的伦理途径

对人体基因科技医学运用带来的众多伦理问题，要彻底进行解决并非易事，因为每一问题都存在着纵横交错的利害关系。究竟哪些技术应该给予支持和鼓励？哪些技术应当被禁止？哪些技术可以在监管条件或有防范措施的情况下开展研究？对此，首先要进行一番伦理分析，然后才能寻找相适应的解决问题的进路。

所谓伦理分析，是指依据我们通常所认可或接受的道德价值以及道德原理、原则去论证面临道德困境时有哪些支持或反对的道德理由。通过对各种相关的事实和道德理由的论证，对伦理和价值规范的讨论，建立一种伦理和规范的判断，也被称为道德分析。对人体基因科技引发的诸多伦理问题，我们是否能够用一般生活中的道德规则或原则就可以验证其正当性呢？要遵循何进路，何种价值、理论和伦理原则去解决这些问题呢？要寻求这些问题的答案，无疑首先要对其进行伦理分析。

在日常经验中，很多时候要进行道德抉择。当我们决定在某一种情境中所应选取的行为时，我们所用来支持的经常是一些大家都接受的道德规则。因为这些道德规则都是大家所认可的行为规范，所以依据此规则而为的行动也会被绝大多数人认可。简单地说，一个具体行为如果具有道德上的正当性必须能得到某一个或几个道德规则的支持，如果没有任何道德理由的支持,则会被判断为不道德的行为。换句话说,如果一个具体行为没有道德规则对其反对也会被接受为一种道德的行为。但各种具体的道德规则内涵不同,适用的范围也不尽相同。很多时候,并不是所有的道德规则都同样支持或反对某一行动。比如,研究者是否需要告知受试者通过基因检测获知的未来某时期罹患癌症的信息,就有持不同的知情同意规则、自主规则与不伤害道德原则的人们持各自不同的意见。在这种道德规则相互冲突时,就需要诉诸更高层次或者相对而言更重要的道德依据,即更具有普遍意义的道德原则,比如,仁爱原则、正义原则、平等原则、尊重自主原则等。在人体基因科技研究领域,道德规则之间相互冲突而诉诸道德原则来解决问题的情形就更为常见。

那么,是不是依据道德原则就可以解决所有的伦理难题了呢?也不尽然。由于道德原则涵盖内容广泛,相互之间会产生交叉、重叠,在某些情境下甚至会互相冲突。比如,进行克隆人实验时,尊重生命和尊严的道德原则和研究自由的道德原则就产生剧烈的道德冲突。由于道德原则之间并不互相隶属,也没有一定的先后顺序的位阶安排,当它们发生冲突时,就只能寻求更深一层次的道德理论来解决困境,比如,康德的义务论、穆勒的功利主义以及其他伦理学理论等。一般来说,道德理论是用来为某些道德原则提供理论支持或证据的,使一些道德原则能够成为连贯的、有系统的道德系统。比如,康德的义务论认为,人是目的而不能作为手段,从而为尊重生命和人性尊严的原则提供理论支持;功利主义则认为社会效益最大化,从而为不伤害原则和符合社会整体功效的原则提供论证,也为治疗性克隆提供理论支持;儒家伦理学则支持仁爱的原则等。因此,在人体基因科技医学运用过程中,当发生伦理问题、出现困境时,首先可以分析其符合哪些道德原则,违反哪些道德原则,如果针对同一具体情境,存在相互冲突或对立的道德原则,那么就寻求其背后所支持的道德理论,哪一种道德原则得到的理论支持较多,则支持的理由就更为充分,则依据该道德原则所做的行动就是道德的,具有正当性。

当然,这种基于道德理论基础上的分析和论证只是一种解决问题的重要方法，并不是说根据道德理论的支持就可以解决人体基因科技研究和应用中的一切伦理难题。因为即便是基于相同道德理论的支持也会有分歧意见。宗教、文化、教育背景不相同，持有的道德理论也不尽相同，从而作出的道德判断也会不同。比如，对利用胚胎进行干细胞研究的争论，有的国家认为，应尊重生命，但允许利用 14 天以内的胚胎进行研究；而有的国家则坚决反对利用胚胎进行研究，认为从精卵结合那一刻起就具有生命，进行胚胎研究无异于杀人。由此可见，对生命认识的分歧和宗教文化的差异，导致其没有共同的基础，因而也就无法达成一致的道德判断。这个时候，往往只能诉诸于道德理论背后的价值选择。

以上是分析解决伦理问题的一种思路与方法，即从实践中发生的伦理问题入手，进而确定伦理规则—伦理原则—伦理理论—伦理价值，层层递进寻求道德正当性的进路。

反观对人体基因科技医学运用中各种伦理问题的态度，无论是支持方还是反对方也正是从不同的道德原则、道德理论以及伦理价值中寻求论证依据。而人体基因科技研究所面临的道德困境比其他一般的道德两难更为复杂，更为深刻。一方面，要促进人体基因科技的发展，但改造人类自身存在许多不可预知的风险，包括对人类本身和自然生态的伤害等；另一方面，人体基因科技发展有可能治疗癌症和各种遗传性疾病，会增进人类的幸福。究竟何去何从？这种两难涉及人类和各种自然生命之间的价值选择以及正义、自由、公平、秩序等价值的取舍问题，涉及义务论、功利论、儒家伦理、道家伦理等各种伦理理论，以及自主、无伤、有利、行善等各种伦理原则的选择问题。几乎每一个伦理问题都面临不同的价值、理论和原则的支持与反对，比如，是否允许进行生殖性克隆研究，是否允许以研究为目的制造胚胎等。

那么，从伦理视角观察，究竟哪些科学研究应该做，允许做，禁止做？我们说符合伦理的、道德的和正当的行为，应该支持、鼓励和促进其发展，为人类的生命健康谋福利；不符合伦理的、不道德的和不正当的行为则应该禁止或者有限度地禁止其研究，防止给人类带来毁灭性的灾难。这样就给人体基因科技的研究和应用划定了一个范围，或者说给了一个最低的伦理界限。

其最重要的意义在于为人体基因科技的立法规制提供伦理依据或道德基础，使立法时有依据，制定出来的法律比较符合伦理道德，具有正当性，易被社会公众接受、遵守和执行，从而更具有约束效力。因此，在对人体基因科技的立法规制进行研究时，应先探讨其立法的伦理基础。首先，必须确定立法的价值目标以及价值选择。其次，在立法价值的指导下制定立法目的、基本原则，明确哪些行为应该做，法律应予以支持和保护；哪些行为不应该做，法律应予以禁止和惩罚。最后，根据上述价值目标与目的、原则的精神，制定具体的法律规范。

二、人体基因科技医学运用立法规制的伦理价值选择

“价值”原为经济学上的语汇，例如“交换价值”“使用价值”等，用以表示产品对人而言的要求、有用与相对稀缺。据国外学者考证，这一范畴引入哲学、人文科学之中，始于19世纪下半叶赫尔曼·洛采所创立的价值哲学。[①]自此以后，“价值”成为一个伦理性的概念，用以表达人们的某种需求或对事物的相关评价。按照哲学界的一般说法，所谓价值，就是在人的实践—认识过程中建立起来的，以主体尺度为尺度的一种客观的主客体关系，是客体的存在、性质及其运动是否与主体本性、目的与需要等相一致、相适合、相接近的关系。[②]“所谓伦理价值是对社会生活中实存的伦理价值关系的抽象反映。而伦理价值关系是社会生活中伦理关系的价值抽象，或者说，从价值的角度对伦理关系进行的考量与概括。从现代伦理学来看，伦理关系包括四个方面：人与社会的关系、人与人（他人）的关系、人与自我的关系和人与自然的关系。伦理关系之所以是一种价值关系是由于它内蕴着主体与客体相互作用的过程，这一过程亦是主体对社会进步、人际关系和谐、人与自然关

① 参见[德]乔治·恩德勒：《经济伦理学大辞典》，王森洋等译，上海人民出版社2001年版，第573～574页。

② 参见孙伟平：《事实与价值：休谟问题及其解决尝试》，中国社会科学出版社2000年版，第99页。

系协调以及自我完善的追求过程。”[①]在人体基因科技的医学运用中，存在着大量的人—社会—自然之间的伦理关系。因此，也就存在多方面的伦理价值与冲突。而人体基因科技的立法和基因科技伦理之间有密切的联系，二者都是由一定物质生活条件决定的，“法律是基本的道德，道德是不成文的法律”[②]，“法律乃是我们道德生活的见证和外部沉淀”[③]，因此二者的价值取向在总体上具有一致性。一般来说，凡人体基因科技立法所禁止的，也是伦理上所应谴责的；凡人体基因科技法律所要求和鼓励的，也是基因科技伦理所倡导的。现代人体基因科技的迅速发展，特别是人类基因组计划的初步完成，标志着人类历史由认识、改造客体的时代转向认识、改造主体的新时代，这就意味着所引起的伦理、法律问题不是像以往其他技术一样在技术应用之后的间接冲突，而是在研究的过程中，甚至从一开始就直接面临尖锐的社会伦理价值观念之间的冲突。为了实现科技变迁与法律体系之间的良性互动，法律该如何对人体基因科技进行规制？立法时应该遵循怎样的伦理价值取向？学术界长期对技术与价值的关系问题争论不休，综合各种观点基本上可以分为两大类：一是技术价值中立论，二是技术负荷价值。先解决这两问题，才能进一步讨论人体基因科技立法的伦理价值问题。

（一）技术的两种价值观

1. 技术价值中立论

技术价值中立论的思想根源可以追溯到亚里士多德，他确定了广义的善：“善的意义和存在同样多，它既可用来述说是什么，如神和理智；也可用来述说性质，如各种德性；也可用来述说数量，如适度；也可以述说关系，如有用；也可以述说时间，如良机；也可以述说地点，如美宅；诸如此类。这就

---

① 陈爱华：《科学与人文的契合——科学伦理精神的历史生成》，吉林人民出版社 2003 年版，第 223 页。

② 郊广银：《伦理学原理》，南京大学出版社 1996 年版，第 112 页。

③ 张展、王家宝：《道德法律化与法律道德化》，《政治与法律》1997 年第 5 期。

说明，没有某种东西能是共同的、普遍的、单一的。”[①]基因科学技术也不例外，既有为善的可能，也有可能作恶。自现代科学的特征被人类了解之后，关于科学的善恶之争逐渐平息，并且科学与技术逐渐地分离开来。目前对“科学”的价值中立性意见比较一致，分歧在于对“技术”价值性的看法。技术活动，即将科学研究成果转化并应用于改造世界的过程。“技术价值中立”，是指技术在政治、伦理和文化上是中性的，没有好坏、善恶与对错之分，只是一种工具和手段，其本身不包含任何价值，可以服务于任何目的，是人赋予技术以特殊的意义，因此技术与伦理没有必然的联系，无法对其进行价值上和伦理上的评判。[②] 这种观点在相当长的一段时间里，都占主导地位。但是这种观点是从技术的自然属性上来说的，随着技术对人自身以及生活方式影响的扩大，技术价值中立论受到越来越多的反对与攻击。技术本身也许并不存在纯粹的道德属性，然而技术的使用离不开人的道德实践，当作为道德主体的人从事技术实践活动时，也就使技术活动带有了道德属性，并且决定于道德主体的道德属性，只要技术实践行为的结果、手段、目的与人类利益相牵连，就必须受控于人类的价值考量，不能中立于伦理的制约。

2. 技术负荷价值

技术价值负荷论，又称为“技术价值论”。可以说，现代人体基因科技的价值性是由其自身的固有属性决定的。正如马尔库塞所说：“技术本身不能脱离开技术所赋予的效用。”[③]从技术的预测到研究、开发、应用的各个环节都难以避免设定价值倾向，从这个意义上讲，人体基因科技活动具有内在的价值性。因为人体基因科技直接作用于人自身，并以改变人的自然属性为特点，具有很强的目的性，都以追求某种价值为出发点和归宿。如进行基因检测、基因治疗、胚胎干细胞研究是为了治疗疾病；进行人工辅助生殖技术研究是为了满足无法生育夫妇延续后代的要求；再如基因增强技术可以进

---

① [古希腊]亚里士多德：《尼各马科伦理学》，苗力田译，中国社会科学出版社 1999 年版，第 9 页。

② 参见[德]卡尔·雅斯贝尔斯：《历史的起源和目标》，魏楚雄、俞新天译，华夏出版社 1989 年版，第 142 页。

③ [德]H. 马尔库塞：《单面人》，张传译，上海社会科学院哲学研究所外国哲学研究室编：《法兰克福学派论著选辑》上卷，商务印书馆 1998 年版，第 488 页。

行优生，满足设计后代的要求等。人体基因科技活动往往预设一个要求、目标或者预期的结果，或旨在实现特定的商业目标，或旨在实现一定的社会、经济、政治目标，这种目的性当然属于价值判断的对象。另外，由于现代人体基因科技从一开始就客观地对社会产生了重大的心理、社会、法律、经济影响，因而也成为各种价值判断的目标，所以人体基因技术不是与价值无关，而是负荷价值的。

本书赞同第二种观点，技术负荷价值是由技术的本质决定的。任何技术都不能脱离人的应用，因此技术从本质上说与人的本质密切相关。而人是社会关系的总和，"技术是人之本质构成的基本要素"①。技术作为人的目的和意志的实现方式，除了一定的客观存在性之外，必然与人——这种技术实现主体的主观能动性、自主性以及价值取向等发生联系，因此技术是负荷价值的。

（二）伦理价值冲突

1. 自由与秩序的冲突

秩序目标是任何立法的最基本价值取向，立法的本身就是创造秩序。"秩序是法的直接追求，其他价值是以秩序价值为基础的法的企望；没有秩序价值的存在，就没有法的其他价值。"②人体基因科技医学运用中的立法也是如此。它最基本的价值取向就是科技领域的秩序目标，通过对人体基因科技行为模式的预先设置，来确认和保护生命社会关系，使因其产生的科技关系有一个共同的规范和流程，从而达到秩序治理的法制目标，在此基础上再实现其他的立法价值目标。秩序是自由的保障，自由是一定秩序的自由。没有秩序，自由就失去了保障；没有自由，秩序也就退化为束缚、禁锢，因而也就失去了意义。这是自由与秩序相辅相成的一面。无论是在人与自然的

① 吴国盛：《技术与人文》，http://www.people.com.cnGB/14738/27939/27984/27985/1895930.html，访问时间为2010-03-29。

② 卓泽渊：《法的价值论》，法律出版社1999年版，第185页。

关系中追求对自然控制的自由，还是在人与人的关系中追求社会政治的自由，都要求有相对稳定的秩序来排除恣意，这样才有利于自由的健康发展。没有秩序的自由，最终导致的结果就是真正的不自由，最终给人类带来破坏性的灾难。

但是，人体基因科技的医学运用也使自由和秩序之间不断发生冲突。比如，当科学家们的医学运用随着科技发展而扩张时，往往忽视与大自然秩序的冲突，甚至与人类社会产生剧烈冲突。比如，基因工程的运用、转基因技术的发展以及人类基因组的破译，对农业、渔业、林业、畜牧业以及食品、药品都带来了深远的影响，对个人、自然环境和人类社会生活都带来了难以估量的后果，人与人、人与社会、人与自然的秩序不断与扩大了的研究自由相抵触。每一次基因科技的革命，都要求我们重新寻求自由和秩序之间的和谐。另一方面，基因科技的医学运用在给人类带来更大自由的同时，也使原来的社会伦理、法律受到巨大冲击，需要重新建构社会秩序、法律秩序。也就是说，基因科技要不断进步，就必须与法律之间形成良性互动，形成适度稳定的秩序，以作为保障。

2.效益与正义的冲突

效益与正义是相辅相成、相互促进、协调一致的，但有时难免也会发生冲突。尤其是在人体基因科技发展条件下，一方面，法律必须鼓励科技创新和推广科技成果的应用，必须要赋予创造人以相应垄断的权利；另一方面，公众期望创新知识能早日公开和使用，早日投资形成产业化规模，给人类带来财富，实现科技成果的效率，在人体基因科技领域里，具体体现为基因专利、基因发明等。如果允许他人免费使用科研人员花费很多时间和心血才发明的成果，不仅对发明人不公平，也不符合正义的要求，还会导致发明人因得不到应有的利益而丧失研究的动力，受害的还是整个社会，最终导致法律效率和效益价值的丧失。但是，如果无限期地赋予权利人垄断使用专利，那么这个发明创造的价值在社会上得不到体现，不能成为社会的公共财富，最终也会对伦理的公正价值构成危害，也破坏了伦理的效益价值。

人体基因科技的医学运用，使掌握人们的基因信息易如反掌，只要通过一滴血就可以知道他所有的基因信息。毫无疑问，这大大提高了利用信息资源的效率。随着人体基因信息在各个领域的渗透和应用，产生了很多信息获得、信息分配和信息披露的公正问题。究竟谁有权获得和使用、分配和公布这些涉及个人基因隐私的信息？对这些信息的不当使用会不会产生新的不公正？会不会对当事人的升学、就业、保险、婚姻带来新的不平等，从而造就新的弱势群体？在获取信息方便、快捷的同时不得不令人担忧产生一系列效益和公正之间的冲突问题。可见，人体基因科技的医学运用在展现出潜在巨大商业、经济利益的同时，也面临着人类社会的普遍利益与科技人员利益之间的公正协调问题，效益和正义之间发生了剧烈冲突。

3. 和谐与发展的冲突

发展权是基本人权之一，人体基因科技医学应用面临的另一个伦理价值冲突是要发展还是要和谐？发展与和谐本是相互促进、相辅相成的，但在人体基因科技条件下，追求发展似乎就会缺少和谐的音符。比如，积极促进人体基因科技的发展，会增强人类认识自然、控制自然的能力，提高人们的生活质量，大大增进人类社会的福利。但与此同时，必然要破坏自然以及人类社会原有的和谐，生物的多样性可能遭到破坏，某些物种可能会灭失，大量的自然资源可能遭到破坏，自然的生态系统不再和谐，人类社会关系更加复杂，伦理、家庭、社会和谐遭到威胁，更为严重的是可能危害下一代的生存和发展，造成代际之间新的不和谐。

究竟是该积极促进基因科技的医学应用，还是相对保守地寻求人、社会与自然的和谐统一？二者能否达到一致？发展基因科技的同时能否又能使人获得全面的发展，实现自我，到达人、社会与自然和谐的幸福彼岸？这显然也是人体基因科技面临的伦理价值冲突。要解决这个冲突，就必须依靠法律规范基因科技研究的行为，使科学工作者在从事人体基因科技研究时，担负起对他人、社会乃至自然应尽的责任。这是一个符合人类长远利益和根本利益的目标，也是使人类社会获得持续发展的动力。

4. 工具理性与价值理性的冲突

这个冲突实质上是如何对待科技发展方向的价值取向冲突问题。科技的发展究竟应该取向工具理性，还是价值理性？这是人体基因科技立法价值取向选择的两难。“在科技发展的过程中，由于科技把人类对财富的追求内化为人们的思维和行为准则，形成了技术统治下的社会意识，科技异化了。”[①]随着程度的不断加重，人性也扭曲了。这引起了人们对科技的反思和批判，于是形成了将科技的属性区分为工具理性和价值理性的批判理论。所谓工具理性，也称“工具的合理性”，就是把科学技术作为一种无所不能的终极力量的价值观念。所谓价值理性，也称价值的合理性，是指在科技的发展中以人为本来确定科技的发展方向，对科技寓意人文化特征，强调人的价值和尊严的价值观念。在人体基因科技医学运用的立法中，如果选择以工具理性为价值导向，那么可能会极大地推动科技进步、经济和社会的发展。但在这种价值观念指导下，会产生许多人们始料未及的负面影响。在技术无所不能理论下，可以进行结合人与其他一切动物基因的研究，只要人需要其他动物的能力，任何特征都可以拥有；相反，如果选择以价值理性为导向的基因科技立法，又存在其能否起到促进科技发展作用的疑虑。另外，仅凭基因科技立法能否最大限度地保护“人的发展”？如何才能促进科技进一步发展的同时促进人类利益的最大化？可见，科技的工具理性与价值理性存在着巨大的冲突，尤其是对能操控人类自身生命的人体基因科技，更是如此。

由于上述各种价值存在冲突，因此，在基因科技立法时首先要确定基本的伦理价值取向，其次才能在伦理价值指导下制定相应法律，规范人体基因科技的研究和应用。

（三）伦理价值选择

康・维・内戈伊・察指出：“凡是谈到社会管理，就不能撇开价值、价值的相互制约和人的目的性。”[②]人体基因科技立法属于一种社会管理，当然也

① 范在峰、李辉凤：《论技术理性与当代中国科技立法》，《中国政法大学学报》2002 年第 6 期。

② 转引自王卫国：《过错责任原则：第三次勃兴》，浙江人民出版社 1987 年版，第 160 页。

不例外。确定人体基因科技立法的伦理价值，是指明确在立法和司法上能够满足国家、社会及一般成员的特定需要而对其所具有的效用和意义。确定立法的伦理价值取向，才能弄清对人体基因科技研究应该创设哪些法律，应该通过何种途径实现，以及这些法律的运行前景应该是什么。也只有首先在立法中选择并确定伦理价值取向，才能有立法宗旨、任务、目的的明确表达，才能有具体的法律规范对人体基因科技进行预先的模式设置。同时，明确表达和确立伦理价值取向，不仅有利于人体基因科技法律的制定以及执行、遵守和监督，还有利于解决目前法律没有调整的生命社会关系的“真空地带”，特别是人体基因资源保护及专利纠纷等，因此具有重大意义。

1.促进人体基因科技发展与保障人类根本利益相统一的价值

随着人体基因科技在医学上的不断应用，人类在未及欢呼自己已经成为自然界和自己的主宰时，便为许多科学后遗症所困扰，如克隆技术的潜在生物危机、控制下一代的基因特征、操控胚胎的生命、基因武器的研制以及资源枯竭、生态失衡、环境恶化等，其深层表现则是科学异化所导致的主体性失落、人的失落。衡量一种科学技术是否进步的标准，在于科学是否朝着对人类的终极关怀方向发展。因此，人体基因科技的立法首先要以保障人类的根本利益为伦理价值取向，其次遵循科技发展的规律，趋利避害，有效协调各种矛盾，最终实现推动人体基因科技发展与保障人类根本利益的统一。在立法时，一方面要促进我国人体基因科技在医学上的迅速发展，另一方面又要遵循现代基因科技发展的规律，但无论如何不能偏离保障人类的根本利益这一价值取向。目前，我国人体基因科技立法迫切需要确立人类基因资源的法律地位，以及人体组织的基因专利保护问题，因为世界各国都已在这方面进行立法保护，并获得迅速发展。而我国立法上的落后，既不利于我国人体基因科技的迅速发展，也不能为国外对我国进行的“基因资源掠夺”提供法律依据，最终侵害的利益是我国公民的基本人权。因此，要以立法为手段进行各方利益的调整，并以促进人体基因科技医学运用与保障人类根本利益的统一为伦理价值目标。

2.效益与社会正义相结合的价值

正义作为一种社会观念和社会准则，自古以来一直被看作是关于社会关系合理性的最高范畴和社会道德责任的典范，同时也一直引导着法律的发展，是法律的最高价值，包括形式正义和实质正义双重含义。自亚里士多德起，正义就被认为与平等紧密相连。他认为："公正的也就是守法的和平等的；不公正的也就是违法的和不平等的。"①在这一观念之下，他把正义划分为作为整体的正义和作为部分的正义，进而又将作为部分的正义划分为分配的正义和矫正的正义。整体的正义要求人体基因科技的医学运用有利于人类整体的利益、有利于人的全面发展和人自身价值的全面实现；分配正义要求公平地对待每一个人，在资源稀少和利益竞争与冲突的情况下进行合理的分配，实现社会公正。

在人体基因科技研究中，由于其复杂性、技术性、风险性都很高，因此要求有政府或企业的资助才能完成，但社会资源是有限的，在进行立法设计制度的时候，要考虑效益与社会公正结合的价值，给予不同的研究项目以不同的资金支持。另外，一些人体基因科技的医学运用成果只能由少部分人享有，而大部分人却享受不到，比如一些遗传病或癌症的基因药物研发；还有些成果只有少部分富裕的人能享有，而多数人将由于经济贫困而不能享有，比如利用人体胚胎干细胞研究克隆出临床上需要的各种供移植器官。那么，是应该坚持正义原则在平等分享其利益前提下进行此类研究，还是坚持效益原则，先由少部分人享有研究成果，然后慢慢发展为社会平均利益？应该说，发展科技是人类的必由之路，尤其是现在，人体基因科技发展水平的高低往往决定一国在国际上的科技地位。我国在进行人体基因科技立法时，必须坚持这样的价值取向：社会公正价值优先，包括人类世代间的利益公正、人类同代人间的利益公正以及实现人与社会、人与自然间的公正，同时兼顾效益的价值。二者不可偏颇，否则就不能真正促进科技进步，更无法为人类谋利益。

---

① ［古希腊］亚里士多德：《尼各马可伦理学》，廖申白译，商务印书馆2005年版，第128～129页。

3. 人、社会、自然全面和谐发展的多元化价值

在科技立法的征途中，世界各国曾以功利价值为单一导向，极大地推动了科技的迅猛发展，深刻地改变了社会生产力的结构和成分，改变了劳动的条件性质和内容，同时渗透到教育、文化、社会和自然关系等社会生活的一切方面，给人类造成了前所未有的创造力。但是，对人体基因科技发展来说，这种立法的伦理价值将会造成前所未有的破坏力。比如，胚胎干细胞、基因检测、基因诊断与治疗、克隆人的研究等对人和社会关系造成了极大的冲击，引发了一系列的社会伦理问题；对传统的人与自然的关系也带来了破坏，引发了一系列的生态伦理问题，如人口爆炸、资源短缺与能源危机、环境污染和生态失调、基因战争等。在这种情形下，如果人类只是一味地贪杯于科技发展所带来的醇香——财富和闲适，而不去解决这些问题，人类将被自己的创造所毁灭。这不是危言耸听，有史为鉴：古希腊文明的衰败，正如德国哲学家雅斯贝尔斯所说，是希腊人的心灵被自己的创造迷住了的结果。因此，作为规范人体基因科技发展的立法，其价值导向必须进行反思、调整和重新确立，即应确立对人、自然和社会和谐发展进行全面关注的"多元化"的立法价值取向。我国《基因工程安全管理办法》第一条规定："为了促进我国生物技术的研究与开发，加强基因工程工作的安全管理，保障公众和基因工程工作人员的健康，防止环境污染，维护生态平衡，制定本办法。"可以看出，该法已经体现了人、社会与自然全面发展的立法价值取向。因此，在今后的人体基因科技立法中，同样要持续不断地坚持这一价值取向。

4. 价值理性与工具理性相结合价值

"我是什么？我能做什么？我应做什么？这是康德毕生为之苦苦探求的主题。'我是什么？'主要是通过对人、人性的追问，获得价值合理性的主体性根据与最终主体性指向，从而确立起价值理性之现实内容；'我能做什么？'则是对主体的能力（在此处是工具理性能力）的拷问；而'我应做什么？'则是基于对人、人性本身的价值关切，在价值理性指导之下反思工具理性能力，使工具理性能力获得价值灵魂，成为人的自由意志的合理性行为，实现

工具理性与价值理性的统一。”①康德的这个形而上的价值追问，在人体基因科技的医学运用过程中，同样是人类所无法回避的问题。随着人体基因技术的医学运用，一些人越来越迷信技术的“无所不能”，工具理性愈来愈成为他们的主导思维方式，导致当今人类生存危机主要是来自“人祸”，而不是来自“天灾”，是源自长期以来人类所秉承的片面的理性思维方式和价值观念。人类在尽享科技理性创造的辉煌成就时，也备尝自己亲手种下的苦果。正如学者马尔库塞所讲，人成为一种单向度的人，成为一种更为关注物欲与成就，关注工具和手段，缺乏自我生存意义的人，而作为体现人主体性的价值理性却没有得到重视。其实，作为人意识的两个不同方面，工具理性与价值理性应是相互依存、相互促进、和谐统一的。价值理性是体，工具理性为用。工具理性以价值理性为导向，价值理性指引着工具理性活动的方向。因此，在人体基因科技立法中，应明确体现二者相结合的价值取向，在处理各种问题时，二者不可偏颇。由于人体基因科技直接作用于人的自身，如果只重视工具理性，必将给人类带来灾难性的后果，甚至危及人自身的存在，比如克隆出来的“怪胎”，以及其他混合动物基因的生物体，将不会具有健全的人格；而如果立法只重视价值理性，一味关注抽象价值，而没有具体的客观的技术理性作为支撑，则价值也毫无意义。可见，只有工具理性与价值理性的和谐统一才能保证人性的全面与完整，避免人性的残缺与异化。在技术上对人自身的控制几乎“无所不能”的客观条件下，保持一种价值追求的自觉意识，指导实践中人体基因科技该做什么、能做什么，既可以避免人们追求功利的盲目性和非理性，又能保障人体基因科技的良性发展。

三、构建人体基因科技医学运用的伦理原则

根据前章的分析可见，依据伦理学基本理论直接解决人体基因科技医

① 转引自郭亚萍:《工具理性与价值理性的冲突》,《塔里木大学学报》2005 年第 2 期。

学运用的伦理难题似乎行不通，有些伦理学理论甚至本身就是矛盾和冲突的。为了解决问题，我们不得不把视角转向伦理学理论支持下的中层原则，即寻求一些合理的、普遍性的伦理原则进行调控。[①] 这些伦理原则对其上可以验证一些基本的伦理理论，为其论证提供支持；对其下又可分出一些重要的道德规则，最后指向一些特殊的判断和行动。事实上，“伦理原则是整个伦理学规范体系的核心和精髓，在伦理学的规范体系中处于‘总纲’地位，具有广泛的指导性和约束力”[②]。在伦理原则的指导下，技术主体的实践行为得到了规范，能够正确处理与他人、社会、国家、民族以及自然之间的各种利益关系，确保基因科技的医学应用造福于人类。随着人体基因科技的医学应用，人类不但能有效地诊断、治疗和预防疾病，还有可能操纵人本身的基因、精子和卵子、受精卵、胚胎乃至生命的死亡。而生命伦理学所研究的热点及核心恰恰是人体基因科技的发展所带来的各种伦理问题，因此，本章试着以生命伦理学为视角，构建适应人体基因科技医学应用的伦理原则。

生命伦理学亦称“生物伦理学”，由古希腊词汇“bios”（生物）和“ethike”（伦理学）组合而成。它是伦理学的一门分支学科，属于应用伦理学范畴，是以人的生命为主，同时对其他物种生命展开的伦理研究。有学者这样定义：“生命伦理学是根据道德价值和原则，对生命和医学科技领域内乃至影响整个社会之人类行为所进行之系统研究。换言之，生命伦理学是运用伦理学的理论和方法，在跨学科、跨文化的情境中，对生命科学和医疗保健的伦理学方面，包括决定、行动、政策、法律所进行之系统研究。”[③]当今生命伦理学中，对世界影响较大并占主流地位的伦理原则是美国学者比彻姆（Beauchamp）和丘卓斯（J. P. Childress）在其合著的《生物医学伦理学原则》

---

① 很多道德争议的产生是基于不同的伦理学学理取向，尤其是在不同的宗教、文化背景之间。但是道德具有客观性、社会性和普遍性的特性，即使不同民族、历史、文化和社会之间，也会存在共通的原则，比如尊重、不伤害、公平原则等。虽然不同的时代有不同的重点或方式，不同的国家、社会表现这些原则的方式可能不同，甚至在人体基因科技发展条件下有若干争议，但是整体上共通性要远远大于差异性，即存在一种普遍认可和客观上得到承认的道德原则。

② 赵迎欢、陈凡：《现代伦理学视角与基因技伦理原则的建构》，《东北大学学报（社会科学版）》2003年第4期。

③ 邱仁宗、翟晓梅：《生命伦理学概论》，中国协和医科大学出版社2003年版，第2页。

一书中提出的“四大原则”，即自主、不伤害、行善、公正四原则。其中，自主和公正原则的理论基础是义务论，而不伤害和行善原则的理论基础是功利主义后果论。这些原则一直被奉为生命伦理学的经典，被称为“原则主义”或“四原则主义”。

(一)生命伦理学四原则的基本内容

如前所述，生命伦理四原则是目前基因科技中应用最普遍的、最具权威的伦理原则。自主原则，是指一个行动者对自己的行为有完全的自主权利与能力，不受他人或任何外力的干涉，不管是有形的或无形的拘束，表现为自我制约和规范的行为。它的义务论基础在于：人不可以被视为纯粹的手段，而必须同时被看作目的。相同的道德主体同时必须互相尊重对方所具有的内在固有价值，即自主的行动不应该受到他人的控制性的限制。[①] 自主原则有三个特征：一是自愿性。自主不是无可奈何的活动，而是自觉自愿的活动。二是目的性。自主是一种排除非理性的冲动，建立在理性基础上的选择。三是坚定性。自主就要坚持自己的目的，不因外界干扰而妥协。[②]

不伤害原则，是指不应对任何人或物造成伤害的原则，即如果对他人或物作出伤害就是不道德的。这种伤害不仅包括有形的看得见的身体上的伤害，还包括对精神上的伤害。它的功利主义基础在于：一切伤害基本上都是一种负面功效，与追求最大化整体正面功效相衡量是不应该的。不伤害的特征是对某一行为作出禁止的命令。

行善原则，是指在不伤害他人之外，要进一步关心并致力于提升他人的福祉。行善的意思是指仁慈的心、善行、利他主义、人道主义、关爱他人和慈善事业。它的功利主义效用基础在于：是共有道德人性驱动我们造福他人的力量，同时也被看作是道德本身的目标。行善原则与不伤害原则可构成

---

① See H. T. Engelhardt, *Principles of Biomedical Ethics*, 2nd edition, Oxford University Press, 1996, p. 126.

② 参见孙幕义、徐道喜、邵永生：《新生命伦理学》，东南大学出版社 2003 年版，第 20 页。

某种意义的连续体，但有着重要差异。不伤害原则有明确的、无差别的、义务的、不能伤害他人的强制性要求。行善原则的特征为：要求不是很明确，并且允许存在差别性。

公正原则，是指把一个人所应得的给予他就是公正，否则就是不公正。《中国伦理学百科全书》对公正的解释是："用来表达社会生活中人们的创造力及其成效与他们的社会地位及其报酬之间、权利与义务之间、行为与责任及其赏罚之间等的适当和平衡状态，并被视为符合人的本质需要和为社会认可的应当具有的状态。"这表明了公正的应有之义，它的义务论基础在于给予同等者同等的对待，给予不同等者不同等的对待；反过来，如果给予同等者不同等的对待，或者是给予不同等者同等的对待就是不公正。但这里对什么是同等的情形并没有界定，因此说属于形式上的公正原则。实质上的公正原则对"同等"情形作了界定，即为其特征：

(1)每人都得到一个同等的分配；

(2)每人依其需要来分配；

(3)每人依其努力来分配；

(4)每人依其贡献来分配；

(5)每人依其绩效来分配。①

违背了在同一情况下共同认可的上述原则就是不公正的行为，也就是违反了道德义务。

上述四原则既有较充分的理论基础，又有非常广泛的应用范围，基本上涵盖了全部的道德经验，展示出一些重要的规范和价值。其下又可分为一系列道德规则，比如知情同意原则、保密原则、诚信原则、隐私权原则等，这些道德规则由于与日常的道德经验更接近，所以更容易被运用去解决现实中的道德争议，这实际上是提供了一组有共识、有系统的分析工具，可以对人体基因科技医学运用中许多重要的生命伦理难题进行系统的伦理分析，帮助科技研究者、医生、受试者等作出道德判断，影响其具体的行为。

---

① See H. T. Engelhardt, *Principles of Biomedical Ethics*, 2en edition, Oxford University Press, 1996, p. 330.

但四原则在具有上述优点的同时，也遭到了严厉的批评。第一，由于四原则之间并没有优先顺序，因而没有一个最高的适用原则，当几项原则在具体情境中发生冲突时，难以对具体情况作出解决，常被认为实用性不高。第二，这四个基本原则具有普遍性，过于抽象，不同的使用者可能会作出不同的诠释，所以没有标准可以帮助解决具体的道德两难。

（二）构建人体基因科技医学应用的伦理原则

通过对以上四原则的优点与批评进行反思，我们发现相同伦理原则的诉求却可能得出相互矛盾和对立的结论，常常会使一些伦理争论陷入某种困境。其实伦理原则之间产生冲突的原因是必然的，因为各自背后所证成的理论本身就互相冲突，如义务论和后果论的冲突。所以，在进行人体基因科技医学应用时不能直接利用四原则来解决各种伦理难题，应在充分尊重和利用中国文化传统和现实情况下，合理利用西方生命伦理的理论资源，构建适应我国人体基因科技医学运用的伦理原则。目前，在人体基因科技医学应用中遇到种种伦理难题时，四原则常被用来作为分析论证的理论依据，只是在不同的基因科技项目中所应用的具体原则不尽相同罢了。由于体现的价值和规范意义不同，各种伦理原则在适用于具体基因科技研究情境时经常会发生冲突，因此在构建人体基因科技医学应用的伦理原则时，必须首先确立一个最为优先的基本伦理原则，这个原则不仅应能体现当代生命伦理学的精神，同时也能使自主、公正、尊重、尊严等基本价值诉求和取向都能得到实现，从而调节医学应用中相互冲突的利益，既防止各方主体的基本利益不受侵犯，又能保障实现利益的最大化。正如黑尔所说："所有的道德决断，除了完全随意的和偶然的，都是原则性的决断。"[①]可见，伦理原则的作用是不可替代的。

然而，对于何种原则应作为人体基因科技医学运用中所应遵循的优先

① ［英］黑尔(R. M. Hare)：《道德语言》，万俊人译，商务印书馆1999年版，第91页。

伦理原则,学者却有不同意见。有的人认为,应当将自主原则作为人体基因科技应用的优先原则;有的人认为,尊重原则应作为基因科技伦理应用的优先原则,因为在基因科技医学运用中,应对胚胎、受试者、遗传病患者、残障人及相关的所有人首先采取尊重的态度;也有人认为,不伤害原则应当是人体基因科技研究运用的优先原则等。

究竟应以什么为标准建立优先适用伦理原则呢?我们说,优先伦理原则必须是能在最大范围内拥有广泛的适用性和有效性的原则,必须被所有的当事人(现实的和潜在的)所接受,而不能被质疑和反对,否则就无法作为优先的道德原则而获得普遍的认可。根据上述标准,自主原则就被排除在优先原则之外。因为自主原则的适用范围必须是具有理性判断能力的行为主体,体现了对拥有自主能力的人的自主意志的尊重,它只是在这一特定的、有限的范围之内才能作为普遍适用的原则,而不适用于没有自主能力的人类胚胎、胎儿、婴儿、植物人等,不能体现对这类人利益的尊重。自主原则在涉及未来人类或潜在的无自我意识的个体时,其合法性和权威性会遭到质疑,因此不能够成为适用于人体基因科技医学运用的核心伦理原则。同样,其他几个原则在以上述标准进行论证时都会陷入困境。比如,行善原则是否可以作为优先伦理原则?答案是不能。因为并不是所有群体都认可这个原则,强势群体可能会担心总对弱势群体行善,给予帮助,将来会对自己不利等。

那么,什么原则能符合上述道德标准而成为优先适用的伦理原则呢?只有不伤害原则能满足这个先决条件。

首先,不伤害原则是应用伦理学的核心价值原则,应当成为基因科技医学运用立法的伦理指导原则。正如格特(Bernard Gert)所言,不伤害是基本的、实质性的原则,“可以讲是道德的核心”。这个核心道德使“在理性的生物之间对于所有的道德问题都可以达成几乎完全的一致”成为可能。有学者从实践的要求出发阐述了不伤害原则应当包括的内容:“其一,不危害人体健康。DNA 重组、转基因等方面的研究都不得对人体健康造成伤害。其二,不伤害人类福利。现在的克隆技术存在高畸形率,如果用于克隆人,则伤害人类整体福利。其三,不伤害人类尊严。人类作为'类'的独立地位和身份不可侵犯,或者说人类基因组的纯洁性不可侵犯。人畜细胞融合试验,动物卵母细胞的线粒体 DNA 可能会参与遗传过程,甚至进入人类基因组,进入子宫孕育就是伤害。其四,不伤害个人隐私权。个人的基因信息提供了个人甚至家族的健康和禀赋,是一个人全部隐私中最重要的隐私,个人的隐私权受到法律的保护,伤害个人隐私权即触犯了法律。"[①]简言之,就是把把"不伤害"原则界定为不伤害人类健康、人类尊严、人类福利及个人隐私权。对于人体基因科技的医学运用,不伤害伦理原则既是必须优先适用的原则也是底线伦理原则,即禁止给受试者或病人造成任何伤害。表面上看,这好像是降低了道德要求的标准,实际上由于目前各国基因科技研究多元化、综合化的背景,不伤害原则是能够达成共识的、适用于基因科技研究各领域的最好标准,具有优先性、普适性,而其他诸如"有利""尊严""行善"等原则不具有普适性。

其次,不伤害原则是伦理话语中禁止要求的表现,是对道德行为主体最低限度的要求,也是决策者和立法机构进行立法时所必须确认的最低道德限度。换句话说,法律是伦理道德的底线要求。有了这种不伤害原则的伦理界限,立法时就比较容易设定基因科技研究的界限,也有利于解决现实中的伦理困境。在符合不伤害原则的限度之内,就是可以被公众所普遍接受的,而超越这一界限则可能遭致反对。

再次,不伤害原则作为核心优先的伦理原则,可以作为导出其他各项伦理原则的起点,所有的人体基因科技医学运用都必须遵循这一原则。如果适用不伤害原则已足够,其他原则就可以不用考虑;如果这个原则不足以论证其伦理的合理性,则应以它为基础推导出其他适用的伦理原则。当然,不伤害原则也和其他伦理原则一样,必须在实际应用中加以特殊化、具体化,才能应对基因科技发展中的各种伦理困境与冲突。

在人体基因科技的医学运用中,不仅要优先适用不伤害的伦理原则,与

① 陈朝余:《论生物技术伦理原则》,《科技进步与对策》2006 年第 8 期。

其他一般科技活动一样也要遵循客观公正的基本伦理原则。客观性突出了科学研究活动求真的本性，强调科学活动应该在研究过程中尊重客观自然规律，确保认知过程中信念及认识对象的真实性。公正原则是在此基础之上，进一步突显科学活动中涉及人的行为的公正性。在研究过程中，使研究的风险得到合理公平的分担；在研究结果形成后的应用上，要审慎发布、传播和推广。研究者不仅要对科学知识的客观真实性负责，更要为这些知识的正确传播和公正使用负责。

除此之外，还应遵守下列几项重要的伦理原则：

1. 为人类整体利益、未来利益考虑的原则

这个原则是对人体基因科技医学运用中的各种冲突进行伦理甄别的最高原则。自近代开始，除了求真的目的以外，人类从事科学的应用研究还有一个重要的意图是为了征服自然，向自然索取必需的物质资源。而人体基因科技的医学运用不同于其他一般的运用，它不仅从更深更广的层面探索外在的世界，重点逐步转向了探索人类自身的生命体与生命活动，从人类的生殖、遗传、生育、生命的过程、医疗、保健甚至死亡等方面入手，试图揭开人类自身的全部密码，从生物学角度优化人类，优化自身的基因，提高生存和生活质量。一旦造成毁灭性的后果，将是不可逆转的。人类不是不可以取代“上帝”，因为“上帝”本身就是人类创造出来的，问题是人类是否已达到了足以取代“上帝”而能制造人、推进人类进化的成熟地步，因此必须慎之又慎。如果真正为人类进步着想，就必须从人类整体的利益、未来的利益，从人类与自然和谐相处的角度去作全面的思考，对危害人类整体利益的“高危”行为设置暂时或永久的“禁令”。目前国际上很多国家禁止生殖性克隆人的规定就体现了这一原则。

2. 尊重生命价值原则

在人体基因科技的医学运用中，由于对人本身的操控特征，必须面对以下几个问题：第一，未出生人类生命的权利，或者说后代的权利。第二，人类胚胎的性质。究竟胚胎是否享有人的道德权利。第三，人类基因的属性。什么是人？什么是生命？究竟应该怎样来看待和对待生命？能否对人的生

命进行“人为”随意的操纵？强调尊重生命的原则体现了对上述问题回答的基本价值取向，即尊重生命的价值，尊重自己和他人的生命价值，尊重其他生物的生命价值。无论人体基因科技如何发达，生命都不能因此而受到威胁和侵蚀。无论任何时候，生命都不能成为被任意操控的工具对象或可以自由交易的商品，应对人类生命予以充分的尊重。具体来说，尊重生命的内容包括：其一，尊重人的生命和早期胚胎。其二，尊重人的独特性。自然法则赋予的人人应享有的独特性应得到尊重。其三，尊重人的平等权。基因面前人人平等，人权方面人人生而平等，在利益面前人人平等。[①] 现实生活中，人类的生命经常面临着威胁，人体基因科技的医学运用，使人类的整个遗传结构、整个基因资源都面临更严重的威胁，因此，也需要在人体基因科技医学运用过程中突显尊重生命价值的原则。

3. 预防原则

预防原则，也叫作“风险防范原则”，最初是由于解决缺乏明确科学证据无法判定影响生态环境的原因、不能有效处理困境而产生的。首见于联合国大会 1982 年通过的《世界自然宪章》(The World Charter for Nature)，后出现于 20 世纪的联邦德国，1987 年在“保护北海第二次国际会议”上第一次被引入国际社会。此后，预防原则很快被许多国家和国际组织所接受，还被写进许多国际性的环保公约和条约之中，如《蒙特娄公约》(1987)、《里约宣言》(1992)、《全球气候变化公约》(1992)、《生物多样性公约》(1992)、《地球宪章》(2000)和《卡塔赫纳生物技术安全议定书》(2003)等，成为制定与保护环境、技术风险有关政策的重要指导原则之一。在人体基因科技的医学运用中，常常要面临很多伦理挑战，而且有些技术的安全性和有效性还没有得到证明。在这种情况下，遵守预防的伦理原则无疑是为保障公民权利设定了一道底线。比如，在基因治疗的基因药物试验过程中，很多时候要用人类的基因与其他动物的基因混合试验。如 1972 年，美国斯坦福大学的伯格教授计划在基因研究中，把一种猴子身上的肿瘤病毒 SV40 的基因拼接在人的

① 参见陈朝余：《论生物技术伦理原则》，《科技进步与对策》2006 年第 8 期。

大肠杆菌的基因上，但当他意识到这样做的严重后果会使在人身上不能传染的 SV40 病毒，可以借助大肠杆菌在人类中广泛传播、危害人类的安全时，他果断地中止了这项实验，并建议美国政府成立专门机构禁止科研中危害人类安全的项目。[①] 伯格教授的行为体现了很好的预防意识。在人体基因科技运用中，由于高危险性和高不确定性，一旦给人类造成生命及健康的危害将是不可逆转的。因此，在进行研究之前，遵循预防性原则，先进行评估是否给人类健康或环境带来严重的危害是非常重要的和有意义的。

人体基因科技的医学运用是人类科学精神的极高展现，伴随其技术提出伦理问题，并构建相应的伦理原则，同样是人类人文精神在更高意义上的觉醒。以生命伦理学视角构建适用我国人体基因科技医学运用的伦理原则，并在其指导下形成规范的基因科技的伦理内容，必然对未来人体基因科技的发展产生极其深远的意义。当然，伦理原则也不可能解决所有的伦理问题，但至少是我们行动的指导，可以帮助我们决定应该做什么、可以做什么、禁止做什么。

① 参见赵迎欢、陈凡：《现代伦理学视角与基因技术伦理原则的建构》，《东北大学学报（社会科学版）》2003 年第 4 期。

第三章
人体基因科技医学运用立法规制的法理基础

在上一章中，主要探讨了人体基因科技医学运用中所应遵循的伦理价值及其原则，虽然以伦理道德对基因科技进行调节及划定行为界限是目前不可避免的一种方式，但是"当人们的功利外求压倒德性内修时，道德伦理规约将失去其有限的规范力"①。因此，借助于立法的强制手段对人体基因科技的医学运用予以规制无疑是一种效益最大化的选择——尽管这种选择的收益未必会很快为社会所认可。人体基因科技的医学运用，一方面给人类的生命和健康带来种种危险，另一方面能够增进各种福利，改善人们的生活品质，更多地提供人类生命延续的保障。所以，立法时应首先明确两种基本立场：既不能完全放任，也不能完全禁止。那么，应该保障和促进哪些人体基因科技的医学应用？如何保障？哪些人体基因科技的医学应用应当禁止？禁止的界限又在哪里？如何立法才能保持促进人体基因科技的医学运用与保障公民基本权利之间的动态平衡？本章将对这些问题进行探讨。

一、人体基因科技医学运用引发的法益冲突

宪法学上的基本权利可以依类型或保护法益的重要性进行划分。以对

---

① 杨丽娟、陈凡：《高技术立法规制问题的哲学探讨》，《法学论坛》2005 年第 1 期。

“人身”紧密之程度，可大体分为三种情形：直接涉及“人身”的权利，例如生命权、身体权、人身自由权、秘密通信自由、隐私权等；关于公意形成、真理发现或与信仰表达有关之权利，例如宗教自由、集会游行自由、广播电视自由、学术自由及非商业性之言论自由等表现自由以及参政权等；经济性之权利，例如财产权、工作权（职业自由）、商业性之言论自由等。人体基因科技的医学应用可能牵涉到的法律权益十分广泛和多样，参照以上基本权利分类的前两种类型，我们可以把人体基因科技医学运用中涉及的法律权利分为以下两大对垒的法益：一方面是科学研究的自由权，即人体基因科技研究自由权；另一方面是人性尊严[①]、生命权、身体权、人身自由权、秘密通信自由、隐私权、知情同意权、平等权、就业权、生育权等基本权利。

以上这两大法益，都是为宪法所承认、所保护、所追求的自由权利，但在人体基因科技研究过程中却发生了明显的、剧烈的冲突。其中互相冲突的法益又可以分为两个层次：一是基因科技研究自由权与人性尊严之间的冲突；二是基因科技研究自由权与其他基本权利间的冲突。由于人体基因科技研究的复杂性、不确定性、不可预测性，人性尊严的价值与其他基本权利之间在某些情形下也会发生冲突。

（一）科学研究自由与人性尊严之间的冲突

在本书第一章中曾提出人体基因科技医学应用对人性尊严带来的挑战，这里进一步论述为什么人工辅助生殖、基因检测、基因治疗、胚胎干细胞以及克隆技术等人体基因科技的医学应用会与人性尊严的宪法价值发生冲突，如何发生冲突，发生怎样冲突。要解决上述问题，首先必须对人性尊严的含义作一清晰理解，在此基础上才能够进一步分析探讨其他相关问题。

1. 人性尊严的含义

什么是“人性尊严”？至今为止，没有明确答案。学者通常从正反两方

① 关于人性尊严，各学者的理解有所不同。有的认为其更多的是一种价值，有的认为是一项具体的基本权利，还有的认为是所有基本权利的起点与核心。此处既指一种价值，也可以是一项基本权利。

面界定其内涵。正面一般把人性尊严描述为:“人的人格之核心”,“在特殊且本质的意义之下形成个人者”,“人的固有价值、独立性、本性、本质”,“之所以形成人格者”,“人性尊严系人与生俱来即享有的地位——自决与自治的权利,此地位不因个人后天状况不同或改变而受否定”,等等。但这些定义比较抽象和简略,难以避免模糊的缺陷。有学者试图作出更具体化的定义,如德国学者京特·迪里希(Günter Dürig)认为:“人性尊严与时间及空间均无关系,而是应在法律上应被实现的东西。他的存立基础在于:人之所以为人乃在于其心智,这种心智使其有能力自非人的本质脱离,并基于自我的决定去意识自我,决定自我,形成自我。”[①]即使是这样,人性尊严也还是具有高度的抽象性,很难把握。相对于正面定义,反面界定比较客观,即通过判断人性尊严何时受到侵害,来确定人性尊严的保护范围。比如,德国联邦宪法法院在其判决中所采用的“客体化公式”,即为反面定义方式的范例。所谓“客体化公式”是指“凡是具体的个人被贬抑为客体、纯粹的手段,或是可任意替代的人物,便是人性尊严受到侵犯”[②]。一个人既被矮化为客体、手段或可替代的物,自然不必在意其精神,遑论其自治与自决,而成为他治、他决之客体。[③]

无论是正面定义还是客体化公式的反面探求,都是意图明确人性尊严的含义,使其能够成为法学上容易操作的概念。

从上述人性尊严的不同定义可以看出,人性尊严的含义并没有一个统一的认识和理解。根据康德的经典论述,人性尊严的核心内涵可以描述为:人本身就是目的,任何时候都不能成为客体,也不得将他人视为手段,不能成为国家、社会或他人实现自己目的的工具。只要生而为人,只要具有人的生理、心理及社会特征,他就是一个独具价值的个体,这种内在价值不因身份、年龄、性别、职位、种族、阶级、国别、能力而有所不同,也不因其为社会创造的财富及贡献有所差别,都有资格享有人性尊严。除此之外,人性尊严还

① 转引自蔡维音:《德国基本法第一条人性尊严规定之探讨》,《宪政时代》1992年第1期。

② 许志雄等:《现代宪法论》,元照出版有限公司1999年版,第48页。

③ 参见李震山:《人性尊严与人权保障》,元照出版有限公司2001年版,第13页。

应包括以下几个含义：第一，自主性。英国学者米尔恩曾说过："把一个人尊为自主者，就是把他作为具有自我的内在价值的人来对待。"[①]这里的自主性是指一个人的尊严只能通过其自我决定来成就和实现，而由他人代为决定的如何生存则是没有尊严的。第二，独特性。这里是指一般意义上的人性尊严，即个人的尊严，主要强调每个人的独特性、差异性，但并不否定作为"类"的人的尊严。第三，主体性。这里是指人性尊严并非国家或法律所授予的，而是先于国家存在的，它所依赖的是每个人自身的主体性。每个人都是拥有人性尊严的权利主体，无论每个人的个性如何，身心是否健康，也不管他是否为国家做出贡献，他们的尊严都应受到尊重和保护。第四，平等性。这是指每个人都是一种理性的存在，都是享有人性尊严的权利主体。无论是从人的本质属性还是从社会交往的角度，每个有尊严的个人都应当被每一个别人所尊重。无论其地位、身份、等级如何，都不能是单纯作为达到目的的手段而被任何人加以利用，人与人之间是平等的。

2. 人体基因科技研究自由与人性尊严的冲突

基于以上对人性尊严内涵的理解，下面进一步分析人体基因科技与人性尊严发生冲突的原因。

首先，人体基因科技运用具有与其他任何科技研究都不相同的特征，这是与人性尊严发生冲突的技术性根源。第一，人体基因科技是直接针对人体自身的研究。以往的科学研究都是不断地向大自然的空间拓展，是对自身以外的事物进行研究，因而不会对自身造成威胁。而人体基因科技把研究对象从物转向了人的自身，意味着人不仅是研究的主体，同时也是研究的客体。第二，人体基因科技是从分子生物学水平上的研究，即对遗传因子进行的研究，能够对人类的卵子、精子、受精卵直至整个生命的过程进行操控，这是其他任何研究都不能够达到的深度。第三，基于前两个特征，人体基因科技研究具有技术上的无限可能性，被称为是僭越上帝权力的研究，因此，相较于其他任何科学研究，具有更高的不确定性、风险性和难于控制性。

① [英]A. J. M. 米尔恩：《人的权利与人的多样性——人权哲学》，夏勇、张志铭译，中国大百科全书出版社 1995 年版，第 102 页。

其次，人体基因科技研究与人性尊严各种内涵或属性之间都发生冲突。德国联邦宪法法院指出："人类的生命存在何处，人性尊严就在何处；而该主体是否意识到自己的尊严并且自己知道要去保护它，并非是决定性的因素。"[①]可见，只要是生命，就被认为是人的载体，具有主体性，就应该得到尊重，过去一直是充分尊重人性尊严的一个内涵，然而，"在我们这个时代，每一种事务好像都包含有自己的反面……技术的胜利，似乎是以道德的败坏为代价换来的。随着人类愈控制自然，个人却似乎愈成为别人的奴隶或自身恶劣行为的奴隶。甚至科学的纯洁光辉仿佛也只能在愚昧无知的黑暗背景上闪耀。我们的一切发现和进步，似乎结果是使物质力量具有理智生命，而人的生命则化为愚钝的物质力量"[②]。根据康德的论述，人本身即是目的，不得被视为一种手段或者工具，被物化、商品化了的人自然无尊严可言。人不应该处于被操纵的他治他决的地位，而应得以自知自决，即强调人的主体性地位。那么，当人可以被设计"出生"[③]，或为了治疗另一个人的疾病而来到这个世界上，他是否还具有主体性？该如何规制？当我们为可以选择具有符合自己意愿的后代而欣喜若狂时，是否曾想过那些后代们丧失了自主决定的权利？在这种情形下，人类本身就成了未来某种优生人种研究的工具、客体，与人性尊严的主体性、自主性发生了冲突。再如，当我们想要一个像爱因斯坦一样聪明的孩子时，可从他遗留的一根头发上获得体细胞，然后利用基因克隆技术，在室验室里进行培育，最后移植入子宫发育成胎儿，长成基因上几乎一模一样的"爱因斯坦"。基因科技还可以为失去亲人的家属们带来慰藉，因为很快就可以找回一个与逝去者基本相同的人。有人预言，将来只要用一种细菌就可以消灭整个人类，因为他们的基因都很相似，也就是说人类的独特性不再独有。到那时人性的尊严又何在？而人性尊严的平等性在人体基因科技时代同样也面临剧烈的冲突，因为经过设计的"人"天

① 转引自余溯：《德国基本法"人性尊严"条款之分析》，http://www.frchina.net/data/detail.php?id=13957，访问时间为2009-11-05。

② 《马克思恩格斯选集》第2卷，人民出版社1972年版，第78页。

③ 参见汪丽青：《"设计婴儿"的规制研究——基于英国、美国的比较分析》，《广东社会科学》2015年第1期。

生具有优良的基因，他们比自然人具有较高的智商、情商等，那时候，平等权恐怕将会是一种梦想。可见，在人体基因科技的研究和应用过程中，与人性尊严中固有的主体性、独特性、自主性、平等性等含义都发生了剧烈的冲突，而且，随着人体基因科技越来越多的医学运用，此种冲突会越来越明显。

（二）科学研究自由与其他基本权利的冲突

由于人体基因科技的研究异常复杂，研究自由不仅与人性尊严之间发生冲突，与宪法保护的其他基本权利之间也会发生冲突，甚至人性尊严与其他基本权利之间也发生冲突。下面分别举例：

例一，科学家利用人类胚胎进行研究，由于其能够长成人身体所需的200多种器官，使器官移植的来源问题得到缓解，给遗传病、癌症患者带来了福音，所以要保障研究自由的基本权利。但与此同时，将胚胎摧毁进行研究，胚胎的生命权就受到了限制；把胚胎作为萃取胚胎干细胞的材料，使其成为一种研究的素材，也是将胚胎工具化的表现，有违宪法对生命权的保障。有人认为，胚胎干细胞的研究是提升人类福祉的研究，因此保障其研究自由也是对人类生命尊重的表现。[①] 显然，这一切与宪法保障的研究自由权与生命权之间发生了冲突。如果研究自由没有限制，甚至可以把克隆的人类胚胎植入动物子宫产生克隆人时，还会涉及其他类型的基本权利冲突，比如，体细胞供体的尊严、生命权，克隆人的人性尊严，以及将来可能被侵犯的隐私权、平等权、就业权等。

例二，2005年9月，因公殉职的孙××，在“未婚妻”李××的努力下，终于完成取精并保存。因为人死亡后57小时才能进行取精，所以取精之后，再从李××身上取卵，通过基因—生殖技术，采取试管婴儿的方式，完成胎儿的培育的过程。那么，法律是否应当允许孩子以这种方式出生呢？[②] 如若允许，法律所保护的又是谁的基本权利？

---

① 参见李震山：《人性尊严与人权保障》，元照出版有限公司2005年版，第388～389页。

② 参见李惠宗：《死后取精——基本权与人性尊严的冲突》，《月旦法学教室》2005年第37期。

在这个案例中,涉及的基本权利主体有三个:“已经死亡的孙××”、活着的人李××和“未出生的孩子”。李××基于人格发展的自由权,想生出这个孩子,为孙××留个后代,但已经死亡的孙××是否想要留后代的自主权无法确知,未出生的孩子是否愿意在已经没有父亲的状态下通过非自然的程序来到这个世界上也不得而知。人性尊严意味着自我决定、自我实现的权利。如果法律允许孩子出生,则维护了李××的基本权利,但却与“未出生的孩子”和“已经死亡的人”的人性尊严产生了冲突;如果法律不允许这种孩子的出生,维护“未出生孩子”的人性尊严,则与李××“留后”的基本权利和“自主决定”的人性尊严发生了冲突。可见,这时法律陷入了进退维谷的境地。究竟是维护基本权利还是维护人性尊严呢?这就是人体基因科技条件下人性尊严与其他基本权利之间发生的冲突。

(三)基因的财产法益与人格法益之间的冲突

我国法律体系的架构受德国大陆法系的影响,分为主客截然对立的思考体系。这种对立的格局表现在法律规范体系中,是把存在的世界划分为权利主体和权利客体。而权利主体仅限于“人”,并且一般是指出生后的“自然人”(包括胎儿),人以外的其他事物都只能作为被支配的客体存在。这种主客二分法,在以前似乎是毫无争议的,即所有法律上保护的“法益”,都必须以“人”的存在才能成立。那么,对人类基因的保护就分为两种途径:一是把“基因”视为“主体”的延伸,属于人格法益;二是将“基因”界定为“物”,即属于财产法益。但是,在人体基因科技发展条件下,这种界定却面临着困境。因为人类基因这一个特殊物质可能同时成为财产权和人格权的客体,而二者本身性质是相互排斥的,当它们之间发生冲突时,应该保护哪种法益?人类基因的法律地位如何?究竟是人格法益,还是财产法益?还是人格法益与财产法益兼而有之?

美国有个著名的案例,即 Moore vs. Regents of the University of California 案,曾经引起很大的争议,其基本事实是:1975 年 10 月 5 日,被告美国

加州医学中心的医生戈尔德(Golde)在对患有白血病的原告摩尔(Moore)进行检查时,从其身上采集血液、骨髓和其他组织、液体的样本进行研究,而没有告知原告这些细胞作为医学研究材料的潜在的巨大商业及科学价值和应得的货币报酬,并建议其进行脾切除手术进行治疗。后来,该医生及其助手从这些组织与液体样本中由原告的T淋巴球(T-lymphocytes)发展了一个增殖"细胞系"①,并作为发明人与加州大学共同申请专利并获准,之后用于商业,获利40余万美元。美国加州最高法院于1990年对此案作出判决。在该判决中,法院认为医生具有告知义务,应该在建议病人进行某项切除手术前,即告知病人相关于该切除组织(tissues)的利益,即使该组织的运用计划与该病人的健康并无关连。法院同时认为,病人对于切除的组织或细胞并未拥有法律所保障的财产利益(legally protected property interests),因此不能主张强占(conversion)。②

学界对这个案子中人体组织或基因的处分观点有所不同。有人主张人体基因或组织应当作为人格权中的身体权来保护;有人认为细胞及其基因应该作为财产权加以保护;还有人认为基于基因之上可能享有人格权益与财产权益,即基因除了作为物质性存在的"物"之外,在其上还附有"基因"人格权、"基因资讯权"以及"基因专利权"等。③ 可见,由于意见各不相同,容易引发法律争议。那么,当基因的人格法益和财产法益相冲突时,究竟该保护哪种法益?我们说,基因人格权应由基因的原人格主体享有,即基因的提供者享有基因人格权。那么包含于基因中的专利财产权等是否就应当由研究者享有呢?显然,基因提供者的法益和研究者法益之间也发生了冲突。在人体基因科技的医学运用中,还有其他很多的冲突情形,这里不再一一列举。

---

① 原告患有发细胞白血病,这种疾病的特征在于患者血液与骨髓中网状细胞的表层有许多像头发般的辐射,并且患者脾脏会大幅胀大。增殖,也就是把遗传物质从它的原初细胞加以移植并且接合到一个微有机体。科学家之所以要进行这种接合是因为从身体取得的原初细胞通常很快就死亡,然而微生物体却可以继续无限制地繁殖,这样把遗传物质永续化就使较长的检查与实验成为可能。

② 参见颜厥安:《财产、人格,还是信息?论人类基因的法律地位》,中国论文下载中心:http://www.studa.net/faxuelilun/060521/08464941-18.html,访问时间为2010-1-16。

③ 王泽鉴教授倾向于认为基因属于身体权;陈文吟教授持人类基因属于财产权或物的观点;颜厥案教授认为基于基因之上既有财产权的内容又有人格权的内容。

二、人体基因科技医学运用的保障

人体基因科技的医学运用是一种把研究付诸医疗实践的活动，体现了研究者们的内心自由意志，也是研究自由权的一个体现，是必须加以保障的。对于基因科技研究的医学应用保障，主要表现在以下几个方面：

首先，表现为相关宪法和法律的立法规定，国家对科学家们内心的研究意志自由负有尊重的义务，尊重其从事基因科技创造活动的自由，不得肆意干涉和限制，如若限制，必须通过合宪性的严格审查。比如，对于科学家们将克隆胚胎移植到人类子宫进行培育，发育成为“半人半兽”新型生物的研究进行限制是具有宪法正当性的。再如，利用克隆技术进行复制人等这些思想只有具备外在行为表现时才能够合法地被禁止，当只是存在于头脑中的一种意志时却不能依此来予以定罪处罚并进行限制。

其次，要完善保护研究自由实现的外在制度，研究自由权的立法保障主要是保证权利主体免受来自外部力量的不当干涉，同时设定了合理的研究范围空间。而制度保障是保障权利主体有一个合理发展的内部空间，并进一步具体地保障研究主体研究自由的实现。因为没有科学研究自由，科学研究主体的主动性、创造性就无以发挥，科学技术也就失去了发展的源泉和动力。因此，在人体基因科技的发展过程中必须设立多项制度来保障科学研究自由权。比如，确立保障科研自由为各项制度的基本原则和核心理念，制定项目申报制度、经费审批制度以及项目实施审核制度等，合理地调节个人利益、集体利益与社会利益之间的关系，保持科学研究自由与对其限制的平衡，以实现保障科学研究自由权的目的。

（一）人体基因科技医学运用的立法保障

人体基因科技的医学运用，体现了研究者的研究自由。研究自由作为一种宪法基本权利，具有消极自由与积极自由两种性质。消极自由具有防御权的功能，要求国家权力机关不能违法进行干预；而积极自由则要求国家积极作为，采取各种保障措施，以帮助、促进和保障基因研究自由的收益功能实现。这些积极措施对立法机关来说就是积极地制定相应配套法律、法规的行为，或授权立法制定各种行政决定、命令或者为研究自由权的主体提供物质、经济帮助或福利，以保障研究自由的实现，也只有这样才能使科学研究自由权不至于只是停留在宪法条文中的"空"的条款，最终能够得到贯彻落实。

20 世纪初以来，世界大多数国家都把科学研究自由权作为宪法保护的重要权利之一。在《联合国宪章》《世界人权宣言》的基础上，国际社会于 1966 年 12 月 16 日通过了《经济、社会和文化权利国际公约》(简称《经社文公约》)。《经社文公约》明确规定，人人有权参与文化活动，享受科技进步及其应用所产生的效益，并且拥有个人参与科学、文化艺术活动创造的精神和物质利益。《公约》认为，缔约国有义务为充分实现这一权利而采取为保存、发展和传播科学和文化所必需的步骤，有义务承担尊重进行科学研究和创造性活动所不可缺少的自由，有义务鼓励和发展科学与文化的国际接触与合作，有义务为公民实现这项权利提供相应的条件和保障。为了应对人类基因组(HGP)研究可能引发的伦理、法律等问题，联合国教科文组织在 1995 年专门成立了由科学家、伦理学家及各界专家组成的"国际生物伦理委员会"，起草了关于人类基因组与人类权利的国际宣言，称为《世界人类基因组与人权宣言》，1997 年 11 月经联合国教科文组织第二十九届会议通过，1998 年 11 月 27 日又经联合国大会批准，因而成为名副其实的国际文件。其中规定了四条基本原则：人类的尊严与平等，科学家的研究自由，人类和谐以及国际合作。《世界人类基因组与人权宣言》是人类历史上第一个有关科学研究的宣言。它的发表，充分反映了人类基因组计划可能产生的对科学、经济、伦理、法律及社会的方方面面影响，反映了全世界关于人类基因组计划对人类的现在与将来影响的关切，以及就这些问题讨论的迫切性与严肃性。

我国宪法和法律确立了保护研究自由的一般原则，同样对人体基因科技研究自由权也予以保护。只是没有在宪法层面明确界定研究自由的含义、范围等，造成实践中践行保护研究自由的不确定性。对研究自由保护的相关宪法及法律规定如下：1982 年《宪法》第四十七条规定："中华人民共和国公民有进行科学研究、文学艺术创作和其他文化活动的自由。"我国主要科技法律《科学技术进步法》进一步规定："国家保障科学研究的自由，鼓励科学探索和技术创新，使科学技术达到世界领先水平。"这些规定，为人体基因科技研究医学应用的保障提供了法律依据。另外，我国还制定了《基因工程安全管理办法》《人类遗传资源管理暂行办法》《人胚胎干细胞研究伦理指导原则》等法规、规章来规范和保障人体基因科技的医学运用。

（二）人体基因科技医学运用的制度保障

现代人体基因科技的快速发展，使医学运用的研究仅依靠国家消极的不干预、不限制是无法实现的，而是需要国家积极有效的作为才有可能落到实处。比如，人类基因组测序将引发一场新的工业革命，可能会造成目前以宪法为基础构建的社会秩序、经济基础发生多样化的改变。因此，人体基因科技研究自由权的实现，除了宪法、法律等明确规定以外，还要靠具体的人事、财政及组织制度保障。尤其是在我国，宪法不能直接进入司法程序，更需要把宪法宣示的各项基本权利通过具体的法律制度加以规定，使之具有可操作性，避免使基本权利的保护仅留在纸面上。所以，在宪法之下还要制定一些相应的科技法律制度来保障人体基因科技研究医学应用的实现，即制度性保障。

制度性保障是大陆法系宪法学上的概念，原来是由法国宪法学者毛利思・乌利五（Maurice Hauriou）等人提出来的，后来德国魏玛宪法时期，在立法者不受公民基本权利限制而可以通过立法随意限制公民基本权利的背景下，德国学者卡尔・史密特（Carl Schmitt）将制度性保障进行系统化，进而保障公民基本权利。他主张"制度"应与"基本权利"区分，某些被宪法所规范、所承认、所保护的具有一定范畴、任务及目的的制度应受到宪法的特别保护，任何立法者不能任意加以废除或变更其核心价值内涵，这就是制度性保障的原始含义。目前，大部分学者都认为制度性保障应当从大学自治着手研究。世界大学会社(World University Service)出版的《学术自由——人权报告之二》(1993年)中写道："尊重与保障学术自由和大学自治，不仅对于一个健康的教育体制来说是重要的，而且在我们看来，还是确保其他自由及努力发展与维持民主的必要前提。"[①]我国人体基因科技研究大多数都在一些大学和科研院所研究机构之中，有学者认为我国《宪法》第二条既是大学自治的宪法依据，也是高校法治化的法律渊源。[②] 只有保证大学及这些科研机构的自主权和研究自由的权利，才能够激发他们的研究热情，努力钻研，进一步去在临床医学中进行实践应用，为人类造福；相反，如果他们的研究处处受到牵制，不能合法合理地放开研究，后果将是不言而喻的。比如，目前人类胚胎干细胞的研究，可以满足人体200多个器官的移植需求，但是很多基督教信仰国家不允许对胚胎进行提取干细胞的研究，因为那等于伤害了一个生命，所以，为人类医疗谋利益的目的恐怕就无法实现。因此，仅仅在宪法上规定科学研究自由，不等于科学家们就享有了真正的研究自由，要实现这种真正的研究自有，必须在现实中能够得到具体的制度来保障实施。在这个意义上，"大学自治"被称为是研究自由的制度性保障。"大学自治"包括很多方面，比如财政自治，这涉及大学内部经费运用的自主决定权，只有有了充足的经费支持才能进一步支持研究。尤其是对复杂的人体基因科技医学应用，经常需要大量可观的经费，一般研究者或者机构不容易得到充足的经费来源，所以就更加有赖于国家的财政制度给予保障和支持。如我国《科学技术进步法》第三十二条规定："国家对从事基础研究和应用基础研究、高技术研究、重大工程建设项目研究、重大科学技术攻关项目研究、重大社会公益性科学技术研究的研究开发机构和高等院校，在经费、实验手段等

---

① World University Service, *Academic Freedom 2: A Human Rights Report*, edited by John Daniel, Frederiek de Vlaming, Nigel Hartley, Manfred Nowak, Zed Books Ltd., 1993, "Introduction".

② 参见王伟:《我国学术自由的宪法规范分析》,《前沿》2009年第7期。

方面给予支持。”实际上，目前运用国家权力直接限制人体基因科技研究自由权的情形已不多见，但对研究经费的划拨、支持等间接操控或干预研究人员的研究活动比较常见。这种情形也使研究人员对“研究资金”的依赖度越高，其“内在精神力作用程度”可能越低的状况成为普遍现象。总之，基因科技医学运用的最终实现，既需要国家宪法、法律、法规及规章的外在法制保障，又必须有相应的大学自治、研究自主、人身自由、程序及研究机构内部的制度来充分保障。

三、人体基因科技医学运用的限制

由于人体基因科技的医学应用直接以人本身及其组织为研究对象，研究自由的权利很容易与他人的尊严权、生命权、健康权、隐私权、知识产权、平等权等各项基本权利发生冲突，甚至对社会的生态环境、人类种族存续等带来影响和危害。所以，为了使基因科技医学应用中涉及的各方权利主体都能够各得其分、各尽所有，平衡他们之间的各种利益冲突，共享资源，和谐共进，国家也必须对人体基因科技的医学应用设定某种程度的限制，即研究自由的边界，同时也是国家权力机关能够进行干预的范围。这样做，既保障了研究自由，又防止了研究主体在行使自己权利的时候侵犯他人的自由与权利。

对基因科技医学运用的限制可以分为内在限制和外在限制。所谓“内在限制”，是指宪法没有明确规定限制基本权利条款或除了已经明文规定的限制事由外，基本权利的行使应受宪法所认同的各种“不成文”的价值衡量标准的制约，即当一基本权利与其他基本权利发生冲突时，除了依据宪法所认同之各种“不成文”价值标准进行利益衡量与调整外，立法者不得制定法律加以限制。[①] 也就是说，不需要法律再另行规定，就知道基本权利的内在

① 参见周志宏：《学术自由与高等教育法制》，高等教育出版社 2002 版，第 22 页。

界限。例如，德国基本法中并没有明确规定对基因科技研究自由权的限制，但根据德国宪法承认的价值秩序可以知道，进行研究时有不得侵犯人性的尊严，不得侵犯他人的生命权、健康权、人格权等基本权利，不得制造“人兽怪胎”、基因武器、克隆人，不得违反公序良俗或给社会带来紧急危险等的内在限制。所谓外在限制，就是由法律明确立法，进行合宪性限制，目前多数国家对人体基因科技研究采取的都是外在的限制。下面分别以德国的内在限制、中国的外在限制以及我国台湾地区外在限制为例，探讨宪法及法律对人体基因科技医学运用的限制。

（一）宪法和法律对人体基因科技医学运用的限制

1. 宪法和法律的限制

目前，各国宪法对基本权利限制的一致立场是：公民的基本权利只为社会利益、公共利益才例外地被法律所限制，除非在必要时不可对其限制，如果要限制，必须通过法律规定方得为之。法律以下的文件不得限制宪法上公民的基本权利，否则构成违宪。[①] 但对于究竟什么是社会利益，什么是公共利益很难界定。所以有人认为，公共利益的界定是宪法学上最困难的课题。[②] 我国对基本权利的限制也是采取这种方式。《宪法》第二十二条修正案规定：“国家为了公共利益的需要，可以依照法律规定对公民的私有财产实行征收或者征用并给予补偿。”宪法第五十一条规定：“中华人民共和国公民在行使自由和权利的时候，不得损害国家的、社会的、集体的利益和其他公民的合法的自由和权利。”这里的“公共利益”和“国家的、社会的、集体的利益”就是宪法规定中限制基本权利的正当理由。

另外，国务院1998年6月10日批准的《人类遗传资源管理暂行办法》也有对“研究自由”的限制性规定。如第三条规定：“凡从事涉及我国人类遗传资源的采集、收集、研究、开发、买卖、出口、出境等活动，必须遵守本办法。”

---

① 参见赵颂平：《宪法的平衡品格》，《法制与社会发展》2002年第1期。

② 参见张翔：《基本权利限制的思考框架》，《法学家》2008年第1期。

第二十二条规定:“国(境)外单位和个人违反本办法的规定,未经批准,私自采集、收集、买卖我国人类遗传资源材料的,没收其所持有的人类遗传资源材料并处以罚款;情节严重的,依照我国有关法律追究其法律责任。私自携带、邮寄、运输我国人类遗传资源材料出口、出境的,由海关没收其携带、邮寄、运输的人类遗传资源材料,视情节轻重,给予处罚或移送司法机关处理。”

2. 我国台湾地区相关法律限制

台湾地区“宪法”对基本权利的限制采取“全面保留”的模式。第二十三条规定:“以上各条列举之自由权利,除为防止妨碍他人自由、避免紧急危难、维持社会秩序,或增进公共利益所必要者外,不得以法律限制之。”这里各条所列举之权利是指生命权、人性尊严、隐私权等宪法基本权利。台湾《科学技术基本法》第八条规定:“科学技术研究机构与人员,于推动或进行科学技术研究时,应善尽对环境、生态、生命尊严及人性伦理之维护义务。”以上规定为人体基因科技的医学应用提供了宪法和法律的依据,与德国不同,我国台湾地区只是对宪法所列举的情形才予以限制。也有学者认为,这并非意味着台湾没有内在限制,对生命权、身体权等健康法益,不需要在“宪法”中明文规定,就能够构成研究人员“研究自由”的内在界限。尤其是在人体基因科技研究中,很多时候需要用人本身的血液、组织或胚胎来作为研究素材,如果对这些标的的使用属于研究自由保障的范围,那么研究人员可以恣意取得他人身体的“材料”进行研究,则必然侵犯他人的基因隐私权、知情权等基本权利。所以,尽管“宪法”没有明确规定,在进行人体基因科技研究的医学运用时,他人的生命、健康等基本权利也构成对研究自由的内在限制,同时也对其进行外在限制。比如,目前已经制定的《基因治疗人体试验申请与操作规范》(行政命令)《医疗法》《胚胎组织移植人体试验实施原则》等行政命令、法规对人体试验进行规范,卫生主管部门为了确保研究用的受检人的细胞、组织、器官、体液或其他衍生物质和与母体分离的胎儿的正当性,又制定了《研究用人体检验采集与使用注意事项》,其中更加详细地规定了进行检体采集时的知情同意原则,要书面告知其本人或家属、代理人采集的目的及其可能使用范围与期间，采集的方法与数量，可能发生的并发症及危险，受检人的权益与检体使用者的义务，检体是否有提供或转让他人或国外使用等情形，研究经费来源及所有参与研究的机构，其他与检体采集或使用有关的重要事项等。

基因科技医学运用的自由，意味着研究人员作出自主决定的自由，不受干涉的自由。无论是内在限制还是外在限制都是对研究自由保护的边界，也就是说，国家所能干涉其自由研究的界限。而国家权力的干涉就意味着存在侵犯研究自由的可能，尤其是对于与公共利益无关、属于个人自我决定权利的自由范畴。比如，对于代孕生子的限制，是对研究自由的限制，还是对个人生育自由的侵犯？如何判断国家权力是否侵犯了公民的研究自由？国家权力对研究自由限制的正当性是什么？如何防范国家公权力对研究自由的侵犯？其审查标准是什么？为解决上述问题，必须要研究国家对基因科技医学应用限制的界限，即“限制之限制”，包括本质内容限制原则、法律保留原则、比例原则、公益目的原则等。

（二）人体基因科技医学运用的界限

科学研究自由作为重要的宪法权利，应当加以鼓励和保护、促进和保障，但任何权利都不是绝对的，对于给人们生活带来巨大风险的人体基因科技的医学应用也是有一定限度的。那么，国家基于何种理由对医学应用进行限制？公权力介入医学应用的边界在哪里？是否具有正当性？具有哪些标准？我们认为，基因科技的医学应用应当以尊重和维护人性尊严、法律保留原则、比例原则、目的原则等几个方面为限。

1. 尊重和维护人性尊严

现代宪法作为最高法规范，形成了一个有序列有系统的价值秩序，而人性尊严属于宪法价值秩序中的基础和根本原则。基因科技的医学应用对宪法及宪政价值体系造成巨大冲击，在保障其研究自由的基础上，还要对其作出基本的价值限制，最终不应该超出宪法及其价值体系的衡量。正如某学者所说："从宪法的价值序列来看，科研自由并不是唯一的最高的价值。科研自由要服从人的生命和尊严，不能以挑战人的生命和尊严为代价而得到发展。"[①]对人体基因科技的医学应用，国际上也以人性尊严为核心内容对其进行了限制。比如，1997年的《世界人类基因与人权宣言》第十条规定，任何有关人类基因组及其应用方面的研究，尤其是生物学、遗传学和医学方面的研究，都不应超越对每个人或是对每个群体的人权、基本自由和人的尊严的尊重。第十一条规定，不允许损坏人类尊严的举动，如利用基因复制人的行为。第十二条规定，有关人类基因组的应用，均应以减轻每个人及全人类的痛苦和改善其健康状况为目的。在应用和推进科学知识、医疗实践及相关技术时应当考虑到人的脆弱性。对具有特殊脆弱性的个人和群体应当加以保护，对他们的人格应当给予尊重。2003年，联合国教科文组织国际生命伦理学委员会在巴黎通过的《关于人类遗传数据的国际宣言草案》的第一条就规定了宣言的目的是："保证在收集、处理、使用和储存人类遗传数据及产生它们的生物学样本的时候尊重人类尊严以及保护人权和基本自由，与平等、公正和团结的要求一致，同时应当考虑到思想和言论的自由，包括研究的自由；提出可以指导各国对这些问题立法和制订政策的原则；为相关机构和个人在这些领域里有益实践的准则奠定基础。"可见，尊重人性尊严是进行基因科技医学应用的首要前提，假如一项基因科技的医学运用能够给大多数人带来利益但却有损研究对象的人性尊严，也必须中止研究。对人性尊严的关注要高于科学和社会利益。由此，对违背人性尊严以及侵害宪法基本权利的基因科技的医学应用，国家对其自由的限制具有了宪法上的正当性。

2. 法律保留原则

法律保留原则，源于法国人权宣言，最初是一个例外的表现，即基本权利本来是不能够被限制的自由权利，只有人民可以对自身的权利进行限制。但是为了"公共利益"可以例外地由立法机关的法律进行限制，没有经过法律的授权，任何行政机关的行政命令无权限制。通过法律来限制行政权，也

① 韩大元：《论现代科学技术对宪法学的影响》，《科技与法律》1996年第1期。

被称为“积极的依法行政原则”，即“此乃由于宪法已经将特定之判断权限予以保留，除非透过形式之法律予以明白授权，否则行政作用仅得在法律所明定之情形下方可实行”[①]。我国台湾地区对基因科技医学应用的限制明确采取法律保留的原则。2002 年 1 月 2 日，台湾卫生部门公告通过研究用人体检验采集与使用注意事项，除了要求研究人员采集人体组织样本必须践行“告知同意”程序以外，同时规定了研究人员说明义务的范围及保存、处置和使用的准则。其中为了保护受试者的合法权益而对研究人员的行为进行了限制。由于人体基因科技医学应用的广泛和迅速发展具有很大的不确知性和高风险性，没有限制的自由又对公民权利带来潜在的危险和法律的滞后性，所以完全依靠制定法律对其限制，会造成立法不及时、负担过重、效率不高等情形，因此，可以授权行政机关进行相关立法，以缓解压力。但是必须明确的是，无论是立法机关制定法律还是行政机关被授权制定行政命令，对研究自由的限制也要受到一定限制，如《德国基本法》第十九条中第一款就规定，限制人权的法律应具有抽象性，即“个案法律之禁止”，同时要求立法者限制人权的意图明确化，即“指明条款要求”，必须明确指出限制人权的相应条款，以防止立法机关扩大限制基本权利的范围。[②] 这里根据法律保留原则对基因科技的医学应用进行限制时必须明确的是：要遵守保障人权的原则，比较重大的基本权利限制必须由法律作出，对一般性的事项可以由行政机关作出规定，但必须明确其权限范围，包括立法目的、程序以及适用范围等。

3. 比例原则

所谓比例原则，简单说，就是要求“方法”与“目的”要均衡。凡采取一项措施以达成一项目的时，该措施必须采取合适、必要及合比例的方法。“合适”的方法，就是可以实现目的的方法。“必要”的方法，指同样可以达成目的的多数方法中，该方法所造成的伤害是最小的方法。“合比例”之方法，即指该方法带来的伤害和不利，与其达成目的之利益相权衡，不失合理的比例

① 李惠宗：《行政法要义》，五南图书出版公司 2000 年版，第 42 页。

② 参见陈新民：《宪法基本权利之基本理论》上册，元照出版有限公司 2002 年版，第 211～238 页。

关系。换句话说，不得采取比例失衡的方法以达成目的，所以也称为“禁止过度”。

德国宪法中的比例原则被称为是公法中的“帝王条款”，即以比例原则作为限制基本权利的共通原则。德国联邦宪法法院认为，立法者应该以基本法之价值秩序为基准，斟酌法治国家之比例原则，透过相对立之基本价值、自由的衡量，以解决此时所生的纷争。[①] 在基因科技医学应用中，虽然要保障研究自由的权利，但是具体在研究方法与手段上要受到比例原则的限制。比如，在对受试者进行人体试验中，人类生殖细胞与胚胎、胎儿可否成为医学研究或科技操作对象？是否可以用人类的体细胞和动物的生殖细胞进行结合研究？是否可以用胚胎来进行克隆人的研究？在这些问题上，台湾地区的法律规定了限制的方法与范围。关于人体试验的研究，要求必须是在两周以内的胚胎，并且不能是针对克隆人；克隆的研究只要不是利用人的子宫怀胎，应该都在允许的范围之内；关于克隆人的研究自由则完全被禁止。随着人体基因科技的发展，各种利益之间的冲突也越来越频繁，研究自由、个人利益、公共利益、团体利益等如何进行衡量势必有赖于良好的理论作为衡量标准，比例原则在一定程度上为克服主观臆断、合理的衡量利益提供了理论依据。

4. 目的原则

“美国学者哈代说，由于我们生活在一种技术化的环境中，因此不免要遇到这样一些问题：人类是新技术的主人还是奴隶？技术使人类的选择和自由得到了发展还是受到了限制？到目前为止，从表面看来，人类有能力驾驭和引导技术向需要的方向发展。然而人类现在掌握的知识，已经赋予人类几乎能摆布自然的本领，因此必须谨慎小心地衡量各种技术是否合乎需要。这种强大的力量必须用于高尚的目的。”[②]这种“高尚的目的”就是造福

---

① 参见程明修：《论基本权保障之“禁止保护不足原则”》，城仲模教授祝寿论文集编辑委员会编：《宪法体制与法治行政——城仲模教授六秩华诞祝寿论文集》，1998 年，第 237 页。

② 高奇：《应用伦理与职业道德》，中国职业教育与成人教育网：http://www.cvae.com.cn/www/yj/zhyj/09-09-11/746.html，访问时间为 2010-2-23。

于人类，而不是危害于人类。《世界人类基因组与人权宣言》第十二条 b 项规定，知识进步所必需的研究自由取决于思想自由。有关人类基因组研究的应用，特别是在生物学、遗传学和医学方面的应用，均应以减轻每个人及全人类的痛苦和改善其健康状况为目的。可见，对人体基因科技的应用从目的上进行限制是非常有必要的。

随着对社会生活各领域、各层面的深刻渗透，基因科技的医学运用必然要受到科学家们的道德责任、价值观念、社会责任、国家政策等各种社会规范的限制。只有把基因科技的研究自由、医学应用与各种规范的限制有机结合起来，才能更好地促进基因科技的医学应用发展，为全人类的健康谋福利。

第四章
国外人体基因科技医学运用的立法规制模式

一、国外基因科技立法规制的几种模式

面对人体基因科技的进步和发展所带来的一系列伦理、法律和社会新问题，许多国家或地区纷纷进行新的立法或修订原有法律，以作出必要和及时的回应。除了各国的国内立法之外，对基因科技的规范也有赖于国际间的合作才能达成实效。

国际组织立法方面，《世界人类基因组与人权宣言》和《在生物学和医学应用方面保护人权和人的尊严公约：人权与生物医学公约》非常重要。《世界人类基因组与人权宣言》，是由联合国教科文组织辖属的国际生物伦理委员会（IBC）提出，经过数年（1993～1997 年）的阐述和辩论后，于 1998 年 12 月 9 日经由联合国理事会签署通过。联合国教科文组织的主旨在于维护人体基因科技医学运用中所涉及的人性尊严，主张重视人类基因的个人权利，规范与人类基因相关的科技研究活动，使之整合并进一步在国际合作下，促进人类福祉。它不是由某一国、某一区域而形成的医学伦理相关宣言，因此在后基因体时代，无论是就国际间基因体研究所衍生的生物伦理的探讨，或对各国人类基因组计划（Human Genome Project，简称 HGP）相关法制的拟定，都具有重大指导意义。《在生物学和医学应用方面保护人权和人的尊严公约：人权与生物医学公约》，是由欧洲理事会（Council of Europe）于 1997

年 4 月 4 日在奥地利签署，是全球第一个管制人类基因工程研发的国际公约，其主旨在于规范生物医学研究中关于病人或受试者的人权保护事项，例如，接受医疗干预或实验前的同意、医疗信息、基因检验、人工生殖的性别筛选、器官移植、禁止买卖人体器官等。这是欧洲国家迄今最重要的一个国际条约。[①] 其他各个国家也积极对基因科技的医学运用进行立法规制，但根据各国文化、历史以及法律传统的不同，其立法规制模式也不相同，大致包括以下几种：

（一）单独立法模式

目前采取这种立法模式的国家有德国、奥地利、澳大利亚、瑞典等。

德国于 1990 年制定世界上第一部《基因科技法》（也有人将其翻译为《基因科技管制法》），共分为七个部分四十二节，具体规定了基因科技研究中遵守的法律规范。包括一般规定、基因设备的技术操作、基因交易、公共规定、义务规定、刑罚和罚款规定以及过渡性的规定等，对其他各国基因科技立法具有借鉴意义。

奥地利于 1994 年制定《基因技术法》，到 2000 年已有 200 多个条例涉及生物技术领域。

澳大利亚总督于 2000 年 12 月 21 日签署了《基因技术法》、《基因技术（相应修正案）法》、《基因技术（许可证收费）法》。与此同时，澳大利亚设置基因技术管理办公室，通过鉴定基因技术产生的风险以及通过与 GMO 有关的风险管理，来保护公众的健康与安全，保护环境，负责全面运作。瑞典于 1994 年制定了《基因技术法》和《基因技术活动条例》等基因科技安全条例。另外，俄罗斯于 1996 年制定了《联邦遗传工程活动国家调整法》，挪威于

① 欧洲理事会（the Council of Europe）并非欧盟理事会（Council of European Union）。欧洲理事会与欧盟是两个各自独立的国际组织。欧洲理事会是 1949 年由十个欧洲国家以缔结国际条约的方式所成立的国际组织，目前已有三十多个会员国。会员国间曾签署多项公约，目的在于促进欧洲人权、文化、经济和社会各方面的发展。

1993 年发布了《转基因生物的生产和使用法》等。

（二）制定管理标准、规则模式

美国国立卫生研究院（NIH）于 1976 年 6 月 23 日，制定世界上第一个实验室基因工程规则——《重组 DNA 分子实验准则》。由于当时对这一新技术的利弊影响存在较大分歧，对可能由此项技术导致的风险估计过于严重，因而对该技术限制比较严格。后曾对该准则多次修改，几乎简化或放宽了原有限制性条款的 85%。之后，联邦德国、法国、英国等三十多个国家也相继制定了同类准则，其中大多数国家以其为蓝本。比如：德国 1978 年颁布《重组生物体实验工作准则》；英国于 1978 年制定《重组 DNA 分子实验准则》，1989 年颁布《遗传操作规则》；印度生物技术安全委员会于 1983 年颁布一套生物技术安全准则，于 1989 年出台《危险微生物、遗传工程生物或细胞的生产、应用、进出口和贮藏细则》，于 1990 年实施《重组 DNA 安全准则》（有人译为《重组 DNA 安全法规》）。

（三）结合立法模式

这种立法模式是指，不单独制定规范基因科技的法律，而是制定同时规范基因科技和其他规范对象的法律。比如，丹麦于 1991 年 6 月发布《环境与基因工程法》，其中全面规定基因工程环境安全管理的目的、适用范围、转基因生物的批准和监督以及有关行政处罚、申诉等内容。根据这一法律，丹麦环境与能源部同年 11 月发布《运输和进口转基因生物法令》，并制定了转基因生物的研究试验、环境释放与上市销售、运输、进口等的审批许可和收费规定等。这些法律并不是单独为了规范基因科技而制定的，它们同时也规范着其他事项，因此属于结合立法模式。

（四）无单独立法，依其他部门法规范模式

目前，很多国家没有对基因科技进行单独或专项立法，主要制定或依据其他部门法的相关内容对基因科技的发展进行规范。这些部门法包括《宪法》《科技法》《专利法》《合同法》《环境法》《刑法》等。比如，美国 1976 年制定的《国家科技政策、组织与优先法》、日本制定的《科学技术设置法》《科学技术厅组织令》都是规范科学技术的专项法，其中很多规定适用于基因科技的医学应用，是该国基因科技法体系的基础。上述其他部门法中关于基因科技的相关规定是基因技术法的重要组成部分。

以上几种基因科技立法规制模式中，有的国家只采取一种模式，有的国家采取几种立法模式相结合。绝大部分法律法规，无论是单独针对基因科技医学应用的立法，还是实验室标准、规则，抑或其他部门中的立法规制，都比较注重转基因产品的产出和管理，包括动植物基因、转基因食品、基因药物以及环境安全性等规范，而没有对直接以人体作为研究对象的基因科技医学应用进行单独立法。而人的生命和健康具有最高的价值，也是基因科技给人类带来的最根本的危险所在，所以对与人体相关的基因科技单独进行立法规制不仅十分必要，而且非常迫切。

二、国外人体基因科技医学应用的立法规制

前面我们简单介绍了国际及其他各国对基因科技的立法模式概况，下面具体介绍国外对人体基因科技医学应用的立法规制内容。由于其涉及的范围比较广，只以基因治疗、胚胎干细胞和克隆技术的立法为例，对国外的人体基因科技立法规制进行比较考察。

(一)基因治疗的立法规制

基因治疗是人体基因科技中非常重要的一个项目,对人类健康影响巨大,但至今为止,多数国家并没有为它单独立法。目前,基因治疗主要有两种法律规制模式:一是特别立法模式,比如奥地利的基因治疗立法;二是将基因治疗立法纳入药物法体系进行管理的模式。

奥地利是以基因科技法为核心对基因治疗进行立法规制,除规范基因治疗外,奥地利的基因科技法还规范所有涉及基因改良生物的工作、释出、销售、人体基因检测以及基因信息保护等事项。该法适用于基因治疗行为的规范,主要体现在第一章,界定了"基因""人类基因转换""细胞基因转换之应用"等名词的定义和适用范围。明确了绝对禁止种系基因治疗的研究,至于体细胞基因治疗及其临床实验,只有在以治疗或预防严重疾病为目的的情形下或者依照当前科技水准,已经为此目的建立了适当程序,方可以实行。该法规定了对于人类基因分析与基因治疗只有在由具备特定资格者进行、其行为动机符合法条所列举之特定目的或得到受试者同意时,才能被视为合法行为。例如,该法第六十五条规定,基于医学目的而从事人类基因分析需获得合法许可的条件是:(1)由人类遗传学或相关领域的专科医师,基于确认病患之病症(尤其是未来可能发生之遗传病)或确认带原者身份的目的;(2)负责诊断或治疗的医师,基于疾病诊断、治疗过程控制之准备或符合研究之执行目的时,始能获得许可。[①]但是该法原则上还是禁止对干预胚胎遗传物质的治疗或实验,除非病人因治疗所获的利益高过胚胎遗传物质因治疗或实验受到干预的风险。对于体外受精、改造核酸(RNA)基因工程以及非基因改造器官移植等不会导致生物体基因(DNA 遗传信息)变更的措施不适用该基因科技法,而是留给其他法律进行规范。此外,还对基因治疗中临床实验的部分准用药物进行规定,为确保效益和避免副作用,必须提出

① 参见钟芳桦、黄舒芃:《德国与奥地利基因科技法之初步比较》,《生物科技与法律研究通讯》2000年第5期。

实验计划，以备主管药物的咨询局审查。为了保持一定的弹性，基因科技法授权委托依其成立的基因科技委员会及其管辖下的人类基因分析及基因治疗科学会议制定基因治疗的详细规范。

德国于1990年制定了《基因科技法》，1993年进行了修正。与奥地利的基因科技法不同，德国基因科技法主要对基因工程改造生物及其产品的制造、释出，防止对人及环境造成伤害和基因治疗所需的设备必须得到生物安全中心会议的许可进行规范，排除了基因治疗的规范，其他与基因治疗相关的内容留给药物法规范，即把基因治疗归入药物概念之下，所有基因治疗必须接受药物法的规范，德国对基因治疗的规制也采取许可方式。根据德国药物法，实施基因治疗必须事前报备。必须取得制造许可，才能取得基因治疗产品处置权。产品的使用又分为临床实验使用和个案利益使用，对前者应给予较多的限制。规定临床实验必须取得机构内部伦理委员会的投票支持，必须得到联邦药物及医疗产品研究室及保罗—艾利希研究室的许可，它是联邦卫生部管辖下的独立机关。在德国，对基因治疗管制的主要联邦机关有PEI和联邦药物及医疗产品研究室（BfArM），两者都根据药物法获得权限，都是联邦卫生部管辖之下的独立机关，但功能和任务各不相同。

美国没有制定单独的基因科技法，对基因治疗最主要的规范是《公共卫生法》（The Public Health Service Act）与《联邦食品、药物及化妆品法》（The Federal Food, Drug and Cosmetic Act）。两者经过1997年的修订，正式将生物科技产品纳入规范对象，规定基因治疗必须接受药物体系的管理，必须取得国家的许可（执照）才能进行。在管制程序中所适用的评量标准主要是行政命令和专业规则，包括FDA自己订定的“利用重组基因技术制造之新药与生物体制造及测试注意要点”。其主要内容是规定实验性新药测试、产品执照、生产设备执照，所有涉及病毒载具的基因治疗及基因治疗产品都必须符合要求。[①]

① See H. Ghoi, “Is there a Demand for the World Wide Regulation of Gene Therapy?” in *Interdisciplinary Approaches to Gene Therapy: Legal, Ethical and Scientific Aspects*, Berlin, Springer, 1997, p. 167.

在美国,国家食品药物管理局(Food and Drug Administration, FDA)是对基因治疗计划(protocol)及基因治疗临床实验(clinical trial)以及实施的管制机关。根据新修订的《公共卫生法》和1997年更新的《联邦食品、药物及化妆品法》,所有的商业基因治疗计划都必须取得FDA核发的执照,除了供再制造的基因产品和政府部门所提出的计划。当基因治疗计划获得IRB许可后,由CBER按照"实验性新药程序"(Investigational New Drug Process, IND process)执行审查,评定其安全性,并根据产品、疾病及患病人口数评估其效益风险比例。[①] 除依科学原则评估安全性之外,IND程序中也包含了受试者的衡平保护,即"告知后同意"。该原则要求在同意书中必须对受试者提供充足信息,包括研究性质、风险效益比、其他治疗途径、保密问题、受伤害时的赔偿、可咨询的独立医师以及有关自愿参与的解释。[②]

相较于美国、德国和奥利地,欧洲国家对基因治疗采取较为保守的态度,但也制定了一系列的规范。首先,是科技发展纲领。它是由欧洲议会(Eropean Parliament)与欧洲共同体理事会(Council of the Ewropean Communities)所共同制定的,是关于欧洲共同体在科技研究领域的发展纲领。其中的《生物医学与卫生纲领》,为基因治疗确立了一些伦理原则和规范原则。比如,规定在目前科技条件下只鼓励体细胞的基因治疗,而不对种系基因治疗和克隆人给予补助。[③] 其次,是欧洲共同体1993年第2309号规章。它是对生物科技产品销售执照的管制规定,由欧洲药物评价局管辖,通过药物管制程序达到管制目的。在欧盟,基因治疗的实际管制组织和程序主要是靠这个规章规范。再次,是专业伦理规范。例如,《从事人体生物医学研究医师指导建议》。这一建议取自于《世界医学协会赫尔辛基宣言》,并不是

① See A. J. Grant, "Regulation of GeneticTherapy: The American Experience," in *Interdisciplinary Approaches to Gene Therapy: Legal, Ethical and Scientific Aspects*, Berlin, Springer, 1997, p. 168.

② See A. J. Grant, "Regulation of GeneticTherapy: The American Experience," in *Interdisciplinary Approaches to Gene Therapy: Legal, Ethical and Scientific Aspects*, Berlin: Springer, 1997, p. 159.

③ 参见陈丽娟:《欧洲共同体法导论》,五南图书出版公司1997年版,第150页。

法律规范。最后，是由欧洲理事会（Council of the Europe）推动，由美、加、日、澳等非欧洲理事会会员国参与草拟的人权与生物医学公约。其中对人体医学研究、胚胎研究、人体器官组织的利用和处置、器官移植以及人类基因组等与基因治疗相关的事项进行了规范。

由以上规范可以看出，为了促进科技研究和防止危害之间取得平衡，欧盟制定了硬性的法律规范和软性的伦理审查，对基因治疗研究、临床实验以及执行治疗等活动进行管制，是一种双轨制模式。

（二）胚胎干细胞的立法规制

如果说，21世纪是生物科技开花结果、独领风骚的世纪，那么胚胎干细胞研究则是其中最为重要的科学突破。由于这项技术涉及对胚胎的保护，在各国引起的法律和争议不断，为避免重蹈纳粹政权，为达目的不惜采取惨绝人寰的人体实验手段，各国纷纷立法进行规范。国际层面，很少有对人类胚胎研究或干细胞研究的法律性文件，《世界人权宣言》（1948）、《世界人类基因组与人权宣言》（1997）等只是提供一些原则性内容，缺乏具体的指导。但却有一些伦理规范对胚胎干细胞作出了基本要求，比如《世界人类基因组与人权宣言》都明确规定，从事人类胚胎研究时需要对人性尊严给予绝对的尊重。

在胚胎干细胞的立法方面，英国走在世界前列，它是欧洲第一个允许进行人胚胎研究的国家，也是对干细胞研究领域占据领先地位并且研究最自由的国家，除不能克隆人以外，基本上没有其他限制。对利用胚胎进行科学研究，英国以1984年沃诺克委员会报告为依据，采取相对保护制度。该委员会认为，应当尊重胚胎可能发育为人的潜能，并给予一定的法律保障，但不应给予等同人类的保障。据此，英国于1990年通过《人类授精与胚胎学法》（Human Fertilisation and Embryology Act，1990），对人工生殖及胚胎研究进行管制，明确规定了所有胚胎研究与利用应该履行的义务，干细胞研究因为无法避免使用胚胎，当然也受到该法的规范。其中第三条第一项明确规定,禁止任何人从事制造、持有或利用人类胚胎的行为,但却没有但书前述行为取得执照时,可以例外地进行。实际上,该法原则上禁止人类胚胎研究,仅在例外情形(没有其他替代可能性)下,才可以取得许可执照,进行人类胚胎研究。

随着胚胎干细胞研究在技术层面的突破以及其所表现的科学和经济价值,英国国会于2000年和2001年,分别通过了《人类授精与胚胎学法》的修正案,认为如果要促进对于人类疾病及失能现象的了解,并且增加对患者细胞方面的认识及治疗方式,必须通过胚胎研究的方式才能够达到,因此加入了数种允许胚胎研究的情形。

(1)增进关于胚胎发育知识的研究;

(2)增进关于重大疾病知识的研究;

(3)将治疗重大疾病相关知识加以应用的研究。[①]

通过这个法案,英国实质上是从法律层面批准了治疗性克隆人类胚胎的研究,成为世界上第一个通过立法为“治疗性克隆”开绿灯的国家。[②] 但按照这项法律,研究者如果进行实验,必须要取得政府颁发的执照。2001年11月21日,英国政府公布《人类生殖复制法》。该法案仅有两个条文:第一条第一项明确规定,“把用于非受精手段创造的人类胚胎植入女性子宫”是犯罪行为。同条第二项规定,“违反前项规定要承担刑事责任,最高可处10年有期徒刑”。但该法并不禁止科学家克隆人类早期胚胎,取出胚胎干细胞进行研究。[③]

德国对胚胎干细胞的立法比较完善,有专门的胚胎干细胞法,即《进口与应用人类胚胎干细胞时胚胎之保护法》(简称《胚胎保护法》)。根据德国宪法法院于1975年2月25日作出的“每个人都有生命权”的判决和《德国基本法》第二条第二项对生命权作出的规定,国家有义务保护每一个人的生

① UK Department of Health, Review of the Human Fertilisation and Embryology Act, 2005, p. 64.

② 参见李素华:《英国通过人类胚胎研究法律修正案》,《科技法律透析》2001年第4期。

③ 参见英国颁发的第一份克隆人类胚胎执照,http://www.people.com.cn/GB/keji/1056/2707894.html,访问时间为2009-11-05。

命。德国于1991年通过《胚胎保护法》，规定保护胚胎，避免胚胎成为他人的工具。即使利用全能干细胞进行研究，假如该研究有存在破坏胚胎生存的可能性，也不能在德国境内实施。但是这条规定也有伪善之嫌，因为只要胚胎干细胞不是从德国境内取得，就可以在德国境内利用，且也不违反前述《胚胎保护法》的规定。由于人类胚胎干细胞技术的迅速发展，制造胚胎的技术越来越成熟，德意志研究院于2001年5月3日重新发表意见，认为应该修改《胚胎保护法》，允许从胚胎抽取干细胞进行研究，但必须受到联邦层次“独立并且多元组成的委员会”控制。于是，德国联邦众议院在2002年1月30日作出“原则禁止，例外准许干细胞进口研究”的决议，并于同年4月25日通过《进口与应用人类胚胎干细胞时胚胎之保护法》（简称《干细胞法》）。

美国对胚胎干细胞研究的立法，随不同时期而不一样。1993年，美国政府通过了联邦经费补助胚胎组织研究方案，但1995年美国国会立法对其予以了禁止。这个禁令成为美国不能投入胚胎干细胞的法律依据。克林顿政府时期，利用体细胞核移植技术及胚胎干细胞的研究仍然受到限制，其直接后果是妨碍了医疗复制技术的发展。但在克隆羊“多莉”问世之后，白宫与美国国家卫生研究所（NIH）迅速对是否应当援用前面禁止制造胚胎与毁坏胚胎的禁令，作为限制胚胎干细胞研究的依据进行讨论，并在1998年12月决定：“前述禁令只针对胚胎，而胚胎干细胞不是一个生物有机体，不属于胚胎，因此其研究不应受到限制。”2000年8月23日，美国国家卫生研究所发布关于允许科学家利用联邦资金进行克隆人类胚胎研究的指导方针，成立了特别的干细胞检查组，确认相应的伦理和法律规范，这就为胚胎干细胞研究提供了一个合理的许可。2000年大选后，美国布什政府对胚胎采取尊重态度，认为胚胎干细胞研究应当仅限于利用经由人工生殖过程所制造出的现存的剩余胚胎，反对制造胚胎进行干细胞的研究，还暂停了NIH内人类多能干细胞研究团队的工作。2001年8月9日，美国总统布什明确表示，禁止任何利用新胚胎制作胚胎干细胞研究，并且声明：前述禁止制造胚胎与毁坏胚胎之禁令（Dichkey Amendment）的内容，作为决定胚胎干细胞研究补助之标准。[①]由此可见，美国以联邦出资与否作为手段对胚胎干细胞研究进行管制。布什政府认定胚胎干细胞研究将造成胚胎本体的毁减，与禁止从事制造胚胎与毁坏胚胎研究的意旨有所违背，应当禁止由国家经费补助进行。

（三）克隆的立法规制

自从 1997 年第一只克隆羊“多莉”成功问世以来，国际社会就开始担忧克隆技术应用于人类可能会产生的问题，因此制定种种公约及法律规定，进行预防。

联合国教科文组织第二十九届会议于 1997 年 11 月通过《世界人类基因组与人权宣言》，明确规定：“基于相互尊重人的尊严、平等这一民主原则，不允许进行与人类尊严相违背的做法，比如生殖性克隆。”1998 年 1 月 12 日，欧洲 19 个国家在法国巴黎签署了一项有关严格禁止克隆人的协议，即《禁止克隆人类的补充规定》，其中明确指出：“注意到哺乳类克隆，尤其是胚胎分裂与细胞核转移领域的科学发展，考虑到克隆人的技术可能性”，“将会把人类工具化，通过创造遗传相同的人，会与人类尊严相抵触”，“禁止任何寻求创造遗传相同的人”。这是国际上第一个专门禁止克隆人的文件，具有重要意义。国际人类基因组织（HUGO）1996 年 3 月 21 日通过的《关于遗传研究正当行为的声明》和 HUGO 伦理委员会 1999 年 3 月通过的《关于克隆的声明》明确指出：“认识到人类基因组是人类共同遗产的一部分”，“坚持人权的国际规范”，“尊重参与者的价值、传统、文化和道德原则”，“承认和坚持人类的尊严和自由”，为遗传研究正当行为的四项原则，对克隆人进行规范。2000 年 6 月，第一届国际生物伦理大会在西班牙召开，签署了《希洪生物伦理声明》。这一声明提到：人们应谨慎地使用生物技术，反对克隆人体，并希望各国政府为正确使用生物技术而立法。2002 年，联合国以及欧洲议会都把克隆人试验定义为反人类伦理的犯罪行为。

---

① See Gregory J. Downing, *A Reseacher's Guide to Federally Funded Human Embryonic Stem Cell Research in the United Stated*, Totowa, NJ: Humana Press Inc., 2003, p. 30.

2003年2月底，美国众议院通过了禁止人类生殖性和治疗性克隆的法案。英国是目前为止对克隆研究最为开放的国家。2001年12月，英国颁布了《人的生殖性克隆法案》。该法案明确禁止生殖性克隆，声明："任何人若将经由受精以外的方式生产的人胚植入妇女体内，即构成犯罪。"2001年，英国又制定了新的规定，允许为了下列目的而培育人胚：为了增加人胚发育的了解；为了增加重大疾病的了解；为了将这些知识应用于重大疾病的治疗。因此，这一修订案连同2002年1月法院的决定，其实是为人类受精与胚胎学权威人士颁发治疗性克隆执照开通了道路。

澳大利亚于2000年12月21日通过了《基因技术法》，主要规范基因技术与基因改造有机体（GMOs）。2002年9月，《澳大利亚基因技术法》被历史性地分为两部分，即禁止克隆人的法令和关于人胚研究的法令，并于2002年12月19日获得批准。它对"人的克隆"是这样下的定义：为了制造一个与某一个体遗传上相同的复制品或后代而使用的技术。在禁止克隆人的法令中，明文禁止"人的克隆"，违者将予以刑事制裁。

2000年11月，日本国会通过《克隆技术规制法》，于2001年6月生效。该法案认为，克隆人将对人的尊严和社会秩序带来重大影响，因此，必须禁止克隆人行为，同时也禁止一切将人与动物细胞相互移植的克隆行为，否则将被处以10年以下监禁或1000万日元以下的罚款，并通过禁止将克隆胚移植入妇女或动物的子宫而防止克隆人的出生，即"禁止任何人将人体细胞克隆胚、人和动物的融合胚、人和动物的杂种胚或人和动物的嵌合胚植入人或动物的子宫"。

法国对是否允许进行治疗性克隆研究的争论一直非常激烈。1994年7月，法国采用了管制医学、生殖技术、遗传以及器官移植领域中的《生物伦理法》。法国卫生以及生命科学领域的国家咨询伦理委员会（CCNE）于1997年4月22日发布第54号声明，断言"人的复制将使其基因组不再是遗传随机产生的结果，而依赖于另一个人的意愿；任何复制人的尝试都将严重危及生命的不确定性以及人的其他基本特性"，并号召全世界联合起来，抵制生殖性克隆。2003年1月21日，法国公布了一项法律草案，禁止所谓的"治疗性克隆”,因为其为“克隆人”敞开了大门。2004 年 7 月,法国对《生物伦理法》进行了修订。这一新法律明确禁止人的生殖性克隆和治疗性克隆。同时对一般的人胚研究也给予了规定:“禁止人胚研究。”但以下特殊情形除外:自法律生效之日起五年内开展的政府特批的研究,以及能引起治疗上的重大进步而其他方法都不能产生同等效力的研究。但是,这个特例中只允许使用为了生殖目的而体外培育的但又不再用作生殖的人胚,且事先要经过供体的知情同意。无论哪种情况,此类研究需要得到根据这一法律建立的生物医学机构的批准。加拿大于 2004 年 3 月采用了关于辅助人类生殖及相关研究的法令《辅助人类生殖法令》,禁止生殖性克隆和治疗性克隆。

从以上国家对克隆的立法规制来看,大多数国家都通过立法禁止生殖性克隆研究,部分国家允许治疗性克隆研究。从国际立法趋势来看,治疗性克隆是医学发展的需要,以治疗为目的的克隆研究应该得到允许。有学者认为,有朝一日,或许“为其他患者或其他一些胚胎的健康而不得不毁掉另外一些胚胎”的做法在伦理上是可以有条件接受的,那么为了使科学研究能够得到迅速发展,就应该在法律上允许进行以治疗为目的的克隆人胚试验。[①]

三、分析与借鉴

从以上各国对人体基因科技医学运用的立法规制中,可以看出,无论是单独基因科技立法模式,还是结合立法模式,或者制定规则的综合立法模式,从大方向上可分为两类:一类是从整体上对基因科技进行规范,另一类是对具体基因科技的应用领域进行规范。欧盟国家的立法主要遵循第一类模式,即程序导向的水平面立法,其中德国是这种立法模式的典型国家。它是第一个对基因科技领域进行一般性水平面法律规制的国家,制定了基因

① 参见黄丁全:《医疗法律与生命伦理》,法律出版社 2007 年版,第 482 页。

科技法。但非常遗憾的是，德国的基因科技法并不适用于人体基因改造的活动。而目前人体基因科技的医学运用是对人类的生存、健康以及未来世代生活的影响最为巨大的，因此，根据基因科技的风险程度，同时制定相应的特别管制法对基因科技各具体领域加以制约还是非常必要的，同时也可以使基因科技立法规制的标准保持统一。

通过比较上述两类国家的立法模式，我们可以看出，对人体基因科技医学应用的立法规制，上述两类国家都没有单独制定专门针对人体基因科技研究的人体基因科技法。但具体情况又有所不同，具体可分为下列几种：

第一，制定了单独的基因科技法，同时规范基因改造生物体及人体基因科技的医学应用。如《奥地利基因科技法》不仅规范了基因治疗、人体基因检测，同时包括所有涉及基因改良生物的工作、释出、销售以及基因信息保护等事项。

第二，制定了单独的基因科技法，但是排除人体基因改造科技的医学应用，只是以基因改造其他生物为规范范围。如《澳大利亚基因科技法》的内容就仅针对基因改造生物体，并没有涉及基因治疗、基因检测等其他人体基因改造科技方面。

第三，没有制定单独的人体基因科技法，相反却制定了单独的非人体基因科技法。比如，瑞士与基因科技相关的立法，是在 2003 年 3 月通过的《非人体基因科技联邦法》，一般把它看作是该国的基因科技法，但其规范的内容也仅对基因改造生物体加以规范，而没有包括对人体基因科技的规范。

第四，既没有制定单独的基因科技法，也没有制定非人体科技法，而是对各具体的人体基因科技医学应用进行单独立法，比如，对基因治疗、胚胎干细胞的立法等。美国是典型的采取这种立法模式的国家，目前大多数国家对人体基因科技的立法也是采取这种模式。

上述各个国家对人体基因科技立法规范模式的选择，在很多国家都引发了一定程度的争论。究竟采取哪种模式更有利于促进人体基因科技医学运用发展，并发挥其利益价值的最大化，确实需要讨论，不同模式各有其优缺点。水平面立法规制的模式，相当程度地反映了对人体基因科技发展所潜藏危险的重视，所以在立法时应防患于未然，先预防其可能对人类带来的危险并纳入管制范围，基本立场是首先要排除风险，从德国、丹麦或奥地利的基因科技立法过程可见一斑。这些国家制定的法律对基因科技的管制相对比较严格，相当程度地反映了立法过程中对科技的危害后果所抱有疑虑的基本立场。除此之外，这些国家还有一个共同点，即比较关注基因改造产品的安全性规制，而专门针对人体基因科技医学应用的立法规制重视不足。这也是各国目前没有制定专门的规范人体基因科技法律的原因之一。垂直面的立法模式也有其优缺点，这种立法模式因为是通过对个别领域的产品进行规制而不是全面性地规制基因科技相关活动，意味着这些活动不会受全面性严格法律规定的限制，从而给予基因科技一定程度的不受羁绊的自由发展空间，并且由于是由特别法律对基因科技的局部领域进行规制，因此对不同形式的、不同领域的基因科技活动往往应用不同的价值判断或者风险评估标准。相对而言，这种模式对促进单项基因科技的医学应用发展比较有利。目前，这种模式也是对人体基因科技进行规范的主流模式。其缺点是不利于从整体上、根本上维护人类的生命健康利益。从现实立法来看，很多国家也都在或多或少地调整其立法模式，采取两种模式并行的折中路线，既有全面性的水平立法规制，同时又针对各个基因科技具体应用领域进行专项立法。我国的人体基因科技立法规制，也应采取这种折中路径，采取两种模式并行不悖、各自发挥规制手段的作用，即一方面要针对人体基因科技制定单独的人体基因科技基本法，另一方面同时针对各具体的人体基因科技医学应用领域制定单项法，如《胚胎干细胞法》《基因治疗法》等。

第五章 我国人体基因科技医学运用立法规制现状及不足

一、我国人体基因科技医学运用立法规制现状

我国的基因研究工作经过三十多年的发展，基因科技水平在某些方面已经达到了国际领先水平，但是人体基因科技立法活动却没能跟上基因科技发展的脚步。直到1989年9月，在国家科委主持下，才把制定我国第一部生物技术管理法规的工作提到议事日程。此后，我国陆续出台了十几部基因及基因工程方面的法规。但主要是关于基因工程安全的立法，对于人体基因科技医学运用的立法很少。1998年9月，国务院正式批准实施《人类遗传资源管理暂行办法》，旨在运用法律手段对基因实行资源管制。在基因资源立法保护方面，我国还有很多欠缺。我国是多民族的国家，人口众多，基因资源非常丰富，对于研究各种遗传病及地方病的治病基因非常有利，因此具有极大的商业价值和经济价值。许多国外的公司及企业团体正在就中国人的遗传基因进行研究，并对相应的研究成果进行申请专利，"一场没有硝烟的战争"——争夺人类基因已经在国际上悄然流行。为了有效地保护和利用我国的人类基因遗传资源，促进平等互利的国际使用和交流，国务院办公厅于1998年6月10日转发了科学技术部和卫生部制定的《人类遗传资源管理暂行办法》，明确规定获取遗传资源的申报、审批程序，采集、出口等环节的监控、审核办法，建立了申报登记、出境审批、证明书等制度，成立了

中国人类遗传资源管理办公室进行管理。

在基因生殖立法方面，我国已经出台了相应的法律法规，规范人工生殖的应用。2001 年 2 月 20 日，卫生部颁布了《人类辅助生殖技术管理办法》《人类精子库管理办法》，同年 5 月又发布《人类辅助生殖技术规范》《人类精子库基本标准》《人类精子库技术规范》和《实施人类辅助生殖技术的伦理原则》四个规范性文件。另外，在《人口与计划生育法》《婚姻法》《最高人民法院关于实施〈民法通则〉的意见》等也对相关问题予以规定。

在基因治疗立法方面，我国于 20 世纪 90 年代初期开始对基因治疗临床试验进行调控。1993 年 5 月，卫生部发布《人的体细胞治疗及基因治疗临床研究质控要点》，对基因治疗临床研究的质量控制标准要点作出规定。1999 年 3 月 26 日，当时的国家药品监督管理局审议通过了《新生物制品审批办法》(4 月 22 日发布、5 月 1 日施行)，该办法的附录专门规定了人基因治疗申报临床试验指导原则："一方面确保治疗方案的安全与有效，另一方面要促进基因治疗的研究和创新。"药监局于 2003 年 3 月 20 日颁布了《人基因治疗研究和制剂质量控制技术指导原则》，在引言部分强调了灵活性原则，既应确保治疗方案安全有效，也应能够促进研究创新，并说明目前在我国基因治疗仅适用于体细胞而不适于生殖细胞。尽管该原则突出了技术标准和操作规范，但是在保护病人、受试者的权益方面不足，没有保证研发的可持续性，并建立有效的审查机制。在生殖细胞系基因治疗方面，我国的管理规定过于简单，立场是反对生殖细胞系基因治疗，规定不得在人体上开展生殖细胞系基因治疗临床研究，但没有说明是否可以进行临床前基因治疗动物实验。

在胚胎干细胞研究立法方面，我国政府在政策上一贯支持胚胎干细胞研究和治疗性克隆胚胎研究。2003 年，科技部、卫生部联合出台了我国《人胚胎干细胞研究伦理指导原则》，为我国大陆地区的胚胎干细胞研究提供了一份伦理指导框架，力图将生命伦理学中的行善和救人、尊重和自主、无伤和有利、知情和同意、谨慎和保密的一些基本原则作一体现，同时明确表达了对体细胞核转移技术(SCNT)或者治疗性克隆在胚胎干细胞研究中应用的支持，使我国的胚胎干细胞研究与其他国家相比有着更为宽松的环境和有利的政策条件。

在对克隆研究的立法方面，国际上制定了禁止克隆人的公约，中国虽没有专门对克隆进行立法，但态度很明确，即反对生殖性克隆人，支持治疗性克隆研究。1997 年 3 月，我国政府已经发表声明，表明“不赞成、不允许、不支持和不接受”克隆人实验的“四不”政策，并多次在不同场合重申了这一原则。2003 年 11 月，我国发布禁令，严禁克隆人和单身妇女通过手术怀孕，禁止买卖人类配子、受精卵、胚胎或胎儿组织，修订了人类辅助生殖技术与人类精子库相关技术规范、基本标准和伦理原则。我国的《人胚胎干细胞研究伦理指导原则》第四条明确规定：“禁止进行生殖性克隆人的任何研究。”这表明了我国坚决反对生殖性克隆人的一贯立场。

二、我国人体基因科技立法规制的不足

目前，我国虽然制定了若干基因科技法律，并且已在基因科技医学应用中起到一定规范作用，但与国外基因科技立法发达国家相比，还存在很多不足。我国主要是关注生物安全的立法，且只有对农业转基因方面的立法比较完善，对人体基因科技医学运用方面的立法还很欠缺。

（一）我国目前核心人体基因科技法律

如前所述，我国没有制定单独的基因科技法，也没有相应的专项人体基因科技法。目前，《基因工程安全管理办法》一般被认为是我国基因科技的核心法，《人类遗传基因资源管理暂行办法》《人胚胎干细胞研究伦理指导原

则》[①]与《涉及人体的生物医学研究伦理审查办法(试行)》等是与人体基因科技关系比较密切的几个法律规范。

1.《基因工程安全管理办法》

《基因工程安全管理办法》虽被认为是我国基因科技的核心法,但它主要内容是关注于生物安全立法,而没有将人体基因科技与其他生物进行区别立法,共分为总则、安全等级、安全性评价、申报和审批、安全控制措施、法律责任和附则六章三十三条。

2.《人类遗传资源管理暂行办法》

我国《人类遗传资源管理暂行办法》于1998年6月10通过并实施,共分为总则、管理机构、申报与审批、知识产权、奖励与处罚、附则六章二十六条。2008年讨论修改意见,将其改成《人类遗传资源管理条例》。

3.《人胚胎干细胞研究伦理指导原则》

我国科学技术部、卫生部于2003年发布了《我国胚胎干细胞伦理指导原则》,尽管只是规章,但却是我国目前对胚胎干细胞研究的主要法律规范,共十二条。

4.《涉及人体的生物医学研究伦理审查办法(试行)》

我国卫生部于1998年制定这部规章,共十章三十条,主要规定涉及人的生物医学研究伦理审查原则,伦理委员会的设置,伦理审查的程序、方法,以及审查的监督与管理等。

(二)立法不足

从以上几个主要涉及人体基因科技医学运用的相关法律规范可以看出,我国对基因科技规制的相关法律制定的时间都比较早,与目前迅速发展的基因科技相比,显得滞后,不足以应对医学应用中出现的各种难题,存在

① 2012年,卫生部和国家食品药品监督管理局干细胞临床研究和应用规范整顿工作领导小组,组织专家委员会研究制定了《干细胞临床试验研究管理办法(试行)》(以下简称《研究管理办法》),经反复研讨、修改完善,已形成征求意见稿,并于2013年3月在全国征求意见。

很多不足，具体分析如下：

1. 缺乏统一理念，立法分散，调整范围狭窄

从上述具体法律规范的内容可以看出，我国现有关于人体基因科技医学应用的立法比较分散，缺乏统一的立法理念。立法的目的和原则往往是立法理念的直接体现，是其他法律规范的基础。从以上四个法规、规章的目的中，可以看出并无一个统一的立法指导理念，仅是提出一个具体的目标，而且比较分散，没有集中于一个统一确定要保护和达到的目的。《奥地利基因科技法》规定的目的为："第一，保障人类及其后代子孙的健康，避免其遭受损害。这里所指的损害，包括直接透过对人体基因组的入侵、对人类基因的分析或基因改造有机体对人类的影响，或者间接透过基因改造有机体对环境可能造成之影响所带来的损害。第二，透过一个足以促进基因科技研发之法律框架的建立，确保基于增进人类福祉而进行之基因科技的运用。"①奥地利希望透过订立特别法，即确保人类健康福祉又推动基因科技的应用和研究，而在我国人体基因科技立法目的中恰恰看不到这样统一的立法理念。另外，很多规范是很久以前制定的，落后于发展日新月异的人体基因科技，并且已有的基因科技法规、规章调整的范围过于狭窄，对人体基因科技引起的很多新领域没有完全介入，缺乏准入、释放的安全性规范，对可能产生的社会、伦理、道德问题不能有效地防范和控制。因此，在进行立法时，首先确立一个核心的理念无疑是非常重要的。

2. 立法层次较低，无专门人体基因科技基本法

目前，我国没有一部人体基因科技的基本法律是不争的事实，已经制定出来的相关基因科技立法，分别由科技部、农业部、卫生部等部门制定。《立法法》第七十一条规定："国务院各部、委员会、中国人民银行、审计署和具有行政管理职能的直属机构，可以根据法律和国务院的行政法规、决定、命令，在本部门的权限范围内，制定规章。部门规章规定的事项应当属于执行法律或者国务院的行政法规、决定、命令的事项。"我国基因科技立法多数是法

① 钟芳桦、黄舒芃：《德国与奥地利基因科技法之初步比较》，《生物科技与法律研究通讯》2000年第5期。

规、规章，层次比较低，其效力等级也较低。在已有的基因科技立法中，并没有对人体基因科技与其他动植物基因科技的规范区别开来，是统一适用形式的法律，其重点在于对动植物的基因重组规范。另外，作为世界上基因资源最为丰富的国家，只有一部《人类遗传资源管理暂行办法》来进行规范，与发达国家完善的基因资源保护立法相比较，显然是不够的。再如，对人胚胎干细胞的研究是以伦理指导原则的规章形式出现，没有上升到法律高度，而胚胎干细胞的研究是目前世界上人体基因科技的热点，也是伦理、法律争议最多的研究之一，由于其可以克隆人类胚胎，并使之生长成人体所需要的200多种身体器官，因此未来的发展前景非常广阔，可一旦滥用，对人类健康造成的威胁和负面影响也是不言而喻的，因此，仅是从法规或部门规章的角度进行规范显然是不够的。其他人体基因科技的应用也在迅速发展，而相应的立法却远远落后于科技的发展，同样需要我们提升对其规范的法律层次，加大对人类健康和生命保障的法律强度，并进一步保障和促进人体基因科技的良性发展。

3. 法律法规与规章之间缺乏衔接，系统性不强

目前，我国虽然制定了一些法律法规来规制人体基因科技的医学应用和发展，但是法律法规以及规章之间缺乏衔接，没有形成一个人体基因科技法律规范体系。首先，我国1982年《宪法》第四十七条规定："中华人民共和国公民有进行科学研究、文学艺术创作和其他文化活动的自由。国家对从事教育、科学、技术、文学、艺术和其他文化事业的公民的有益于人民的创造性工作，给以鼓励和帮助。"这被视为我国所有科技法律的来源。《科学技术进步法》进一步规定："国家保障科学研究的自由，鼓励科学探索和技术创新，使科学技术达到世界领先水平。"这些规定作为《基因科技法》的"母法"，也应该成为其他基因科技法律、法规、规章和地方法规、规章的立法依据，但事实上却没有起到这个作用，至今没有出台配套的实施细则，国务院也没有颁发相应的条例。虽然制定了《促进科技成果转化法》，但也没有配套的实施细则，在实践中也没有体现很好的规范作用。其次，规范人体基因科技的法律、法规和规章与其他部门法中的相应规定也没有很好地衔接，包括与

《民法》《知识产权法》《刑法》等的衔接。另外，人体基因科技的研究需要足够的财力、物力和人力的支持，但在《银行法》《预算法》等当中都找不到具体的依据，系统性不强，因此，构建一个系统的法律规范体系作为人体基因科技发展强有力的保障是非常必要的。

4.相关权利保护力度不够，新型权利保护缺位

目前，我国已有的基因科技法律规范中所保护的权利主要有知情同意权、隐私权等，但规定都比较简单。比如，《人类遗传资源管理办法》第十二条规定，办理涉及我国人类遗传资源的国际合作项目的报批手续时须填写申请书，并附以人类遗传资源材料提供者及其亲属的知情同意证明材料，否则不予审批；《人胚胎干细胞研究指导原则》第八条规定，进行人胚胎干细胞研究，必须认真贯彻知情同意与知情选择原则，签署知情同意书，保护受试者的隐私。《涉及人体的生物医学研究伦理审查办法(试行)》对知情同意的规定相对完善，凡涉及人体的生物医学研究必须事先得到被研究者的知情同意。对于一些无法自己作出决定的人必须得到监护人或代理人的同意。总的来说，与发达国家的知情同意规定相比较，还是不够细密、具体。另外，对其他一些相关权利和义务的规定也比较笼统，不利于保护合法权益。随着人体基因科技的医学应用迅速发展，基因检测、基因治疗、基因移转以及胚胎干细胞研究等在生活中的运用越来越广泛，越来越深入地影响人们的生活，产生了各种各样的新型社会关系，有很多新型法益需要保护。比如，胚胎的相关权益、基因信息权、基因隐私权、基因专利权等。目前的相关法规、规章涉及不多或没有立法，使很多法益处于争议状态，不利于公民权利的保障与实现。

5.存在大量空白，亟须加强人体基因科技医学应用的专门立法

目前，世界上很多国家都非常重视基因科技发展的立法和规划，希望能在21世纪占据世界生物技术发展的高地。例如，欧盟、日本、澳大利亚、新西兰、加拿大、印度、南非等国家及地区都制定了各自的基因科技发展战略规划，虽然没有专门人体基因科技基本法，但是对人体基因科技的立法相对完善。许多国家对人体基因科技的医学应用给予大力的经费资助和优惠政

策，不仅制定国家基因科技发展的宏观整体规划和政策，而且加强了对基因科技基本法或单行法的修改或制定。美国在近十年国会通过的法律中有相当一部分是与人体基因科技的研究实验和基因专利制度相关的法律；欧洲联盟和欧洲理事会也颁布制定了许多条约、法令，对促进欧洲人体基因科技发展有非常重要的作用。与这些国家相比，我国人体基因科技医学应用立法还存在着大量的空白，既没有基本的人体基因科技法律，又没有对基因检测、基因治疗、基因资源保护、基因专利、基因知情权、基因歧视等的专项法律，存在很多漏洞，因此，目前亟须加强人体基因科技医学应用的立法规制，以保障公民的基本权利。从另一个角度说，适时立法，也能降低立法的滞后性和防止立法的任意性，进一步促进人体基因科技的研究和医学应用发展，为人类造福。

第六章

我国人体基因科技医学应用规制法律体系构建

由上一章可知，我国目前人体基因科技医学应用的立法存在很多不足，无法对一日千里的人体基因科技发展作出法律回应或回应不足；另一方面，人体基因科技对人性尊严、生命权、健康权、身体权、隐私权等宪法基本权利带来巨大挑战，社会面临的科技风险已是现实存在，构建人体基因科技医学应用规制法律体系已是当代法学最重要的议题之一。那么，究竟应该如何构建？采取何种模式？遵循何种规范方向和原则？首先，必须确立人性尊严为人体基因科技立法规制的核心理念地位，因为它是整个法律规制体系的灵魂，统摄着其他法律、法规及规章的制定与实施。其次，要尽快制定一部水平面的核心法律《人体基因科技基本法》，从水平层面上规范各项人体基因科技的医学运用。最后，在确立核心理念和制定基本法的基础之上，加强其他配套法律、行政法规和规章的立法，同时修改其他部门法中的相关法律规定，弥补立法漏洞，并以刑法为底线共同构建我国人体基因科技医学应用规制法律体系。

一、人体基因科技医学应用立法规制的核心理念

(一)人体基因科技对人性尊严主体的拓展

人性尊严,无论从哪个角度界定,首先都是“人”的尊严,即人性尊严的主体是人并无争议,既可以指个体的人,也可以指区别于动物的类别意义上整体的人。根据康德人是目的,任何时候不能被当作一个客体或工具加以使用的哲学,只要具有理性能够自主作出决定的人都享有人性尊严,那么一部分先天残障、植物人、胎儿等没有自主能力的人就不能成为人性尊严的主体。从法学上看,虽然对“人”的主体性概念也没有明确的定义,但普遍理解的法律主体“人”接近生物(基因)理论上的人,只要是基于人类基因组形成的个体生命(法律上的自然人),不需要附加任何条件,都应享有人性尊严。《德国基本法》第一条第一款规定:“人之尊严不可侵犯。”作为类成员的个人是社会的,只要具备生物(基因)学意义上人的特征就能够成为享有宪法上“人”的地位的主体,即人性尊严的主体。在德国,人性尊严的适用主体可以这样理解:“人性尊严”之所谓“人”,系指所有自然人,法人依其本质不在其内;外国人也在包含范围之中。人性尊严的主体无所谓“成年”的问题,与年龄大小、智慧高低亦无关,甚至连出生前的胎儿与死后的遗体都在保护之列。[①] 德国联邦宪法法院也认为,“人的生命一旦形成即有其尊严,至于其是否能意识或知道自行保有尊严并不重要”[②]。目前,这种对人性尊严主体的理解得到很多国家的普遍认同。

然而,在人体基因科技医学应用条件下,人的受孕、出生、死亡都可能被

① 参见蔡维音:《德国基本法第一条“人性尊严”规定之探讨》,《宪政时代》1992 年第 1 期。

② 转引自李震山:《人性尊严与人权保障》,元照出版有限公司 2002 年版,第 16 页。

干预和操控，甚至可以克隆人类胚胎进行研究，“人”之所以为人的“人”已不再是毫无争议的。生命被分为受孕、前胚胎、胚胎、胎儿、出生等不同阶段，每个阶段的“人”都会衍生出很多新的法律问题。究竟什么是“人”？生命始于何时？如某学者所说，人体基因科技以人为运作对象，不但一般人被宰制化为纯粹的客体，更将生前的过程置于科技干预操弄之下。至此，脸庞消失，主体不再，人际伦理关系之基础将告消灭，从根本上质疑了人的主体地位。①那么，当人的主体地位都受到质疑的时候，人性尊严的享有主体自然也就成了悬而未决的问题，因为人性尊严的主体与“人”及生命开始的界定密切相关，而各国因不同文化、历史、宗教传统与价值观的不同对此界定也各不相同。比如，德国法律认定怀孕5周以后的胎儿就有生命，从那时开始就是“人”，享有主体地位；犹太一基督教神学理论认为，在形成受精卵的那一刻，人就有了灵魂，并具有绝对的尊严与生命权利，也就是自受精卵一结合，便可以被称作“人”；英国法律认定受精卵后第14天开始具有人的意义；还有的国家认为怀孕3个月后具有人的资格，不能随便堕胎，否则就是违法。由此可见，各国对生命开始的起点界定不同，主要在于保护期限的选择。由于各国的价值观不同，因而所采用的标准也不一致。中国目前对生命起点认定的时间最晚，宪法、民法以及国际法中所采取的标准基本上一致，即认为生命从出生开始，但是为胎儿保留一定的合法权益，即人性尊严的主体是“始于出生，终于死亡”的自然人。然而，这种认定在人体基因科技发展条件下，很多时候却陷入困境。如：前胚胎是否是人？胚胎是不是法律主体？他们是否享有人性尊严？死亡的人是否具有人性尊严？如果没有，则意味着可以随意进行研究；如果有，则人性尊严就不可侵犯，就不能进行研究。可见，这些特殊主体有无人性尊严是人体基因科技条件下必须面对的问题。可以看出，人体基因科技时代作为法基础理念的人性尊严主体范围明显地扩大，不再是确定的范围，不再限于自然出生的个人，而是在个人作为个体

① 参见颜厥安：《法与实践理性》，中国政法大学出版社2003年版，第322页。

或某个群体成员得到认同之前(出生之前),就已经具有一种内在价值。[①] 换句话说,人体基因科技的发展拓展了人性尊严的主体范围,既包括出生之前的胚胎,也包括死亡之后的人。

(二)人体基因科技视野下的人性尊严内涵

"人性尊严"作为宪法基础规范的地位虽然崇高,但其内涵却相当地空泛而不明确,如前文所述,正面定义模糊而空泛,操作性不强,反面客体公式判断人性尊严是否被侵犯,在人体基因科技发展的条件下也不再是明确的界限。因为人体基因科技的发展是以人本身为研究对象,直接挑战了先前人性尊严含义中的独特性、单一性及自主性,存在很多伦理争议,现实有很多风险而法律又无相应规定予以解决,所以,人性尊严的理念经常会被用来作为理论依据。可由于其没有明确的含义,于是经常被用来作为正反两方论证的理论基础。比如,治疗性克隆的支持方主张挽救病人生命,维护其生命的尊严,而反对方同样强调人类胚胎尊严的神圣不可侵犯。支持基因检测与治疗的一方认为,人有生活得更好的权利,而反对者认为基因检测侵犯隐私权,人性尊严变得更加脆弱。当尊严成为一个威力无比的论辩利器之时,人们就可以将任何一种需求都视为尊严的需求,将任何一种不悦都看作是一项对尊严的冒犯。各方主体都可以在自己利益的立场上,以人性尊严作为支持自己行为的论据。显然,一个最高的法律概念,如果含义模糊不清,很难想象能发挥其应有的社会规范作用,很难想象能对利益冲突正常进行判定与调节,也很难想象它不会沦为一个"空洞的公式",或者一句"无描述性内容的口号",甚至是"意识形态的武器"。[②] 可见,要解决这种尴尬局面,必须对人性尊严作出相对清楚明确的理解。

很多学者也意识到了对人性尊严的含义作出新取向理解的必要性,从

---

① 参见[法]诺埃勒·勒努瓦:《世界各国与生物伦理学法规》,《卫生与社会法评论》1995 年第 2 期。

② 参见甘绍平:《作为一项权利的人的尊严》,《哲学研究》2008 年第 6 期。

而使其在基因科技的医学应用条件下更具有现实意义，能够作为解决各种基本权利冲突，平衡各方的利益的规范依据。德国学者霍夫曼(Hasso Hofmann)[①]曾尝试运用社会承认理论重新诠释"人性尊严"的概念来寻找新的内涵。在他看来，以往对人性尊严的界定，都需要以某些特定的宗教、历史或哲学作为背景，如基督教的神造人及万物，康德的人是目的、理性自主等，这在文化、宗教、伦理价值多元的社会难以作为具有一般拘束力的基础规范和理念。因此霍夫曼提出与其将"人性尊严"作为一实质的先在的概念去界定，不如透过社会关系、社会沟通去掌握何为"人性尊严"，也就是说"人性尊严"所保障的对象并不是某种特定的实质或是个人的特质，而是人与人相互间的连带关系，是社会共同体中的每一个人为了享有自己的人性尊严而作出的最基本承诺，即"相互承认、认可、尊重对方自我决定的权利"。可以看出，这种人性尊严的含义核心为保护自我决定，并可对抗人格形成中的外来干预与侵犯，因此具有主观权利的性格。[②]

以上一些对人性尊严含义的理解都有一个共同的特点，那就是超越了传统自我的目的性和主体性，将个人置于社会之间，以人与人之间关系的连结为基点。在人体基因科技发展越来越把人工具化、客体化的条件下，应该以此为新的视角和取向重新理解人性尊严的内涵，即更加注重人性尊严的关系性和社会性。其实德国联邦宪法法院对《德国基本法》第一条"人性尊严"概念的宣示也体现了人性尊严的社会联结性：基本法中人之形象，并非是一个孤立、自主的个人形象；毋宁说基本法将个人与国家之间之紧密关系，以不侵犯个人固有之价值的方式，在个人之"共同体关联性"与"共同体联结性"的意义下加以决定。[③] 从社会联结性视角，即强调社会生活中人与人之间关系的互动，虽然也认为人性尊严归因于人的某种特性，但主要不是关注其道德性或形而向上的理性，而是关注人的脆弱性、被动性和易受伤害

① 霍夫曼(Hasso Hofmann)为柏林洪堡德(Humboldt)大学著名的公法、法哲学、国家哲学教授。

② 参见蔡维音：《"人性尊严"作为人类基因工程之基础法律规范理念——人性尊严作为法律概念其内涵开展之可能性》，http://myweb.ncku.edu.tw/～weintsai/Doku/Human Dignity.pdf，访问时间为2010-04-01。

③ 参见蔡维音：《德国基本法第一条人性尊严规定之探讨》，《宪政时代》1992年第1期。

性。由于基因检测、基因治疗、基因复制等研究都是直接指向人的本身，所以强调人性尊严应当来自于人之所以为人所必须拥有的基本的情感和需求："我们拥有一种需求，以某种方式得到他人的对待，以某种方式与他人相整合……我们拥有一种权利，以某种方式得到对待，即受到尊重。"[①]当权利主体能够拥有、主张并贯彻某种权利时，是由于社会共同体成员相互之间的尊重与承认，即所达成的一项集体承诺，人们应当避免相互侮辱。每个人都可要求他人承担尊重这项权利的义务，同时自己也有义务尊重别人的这项权利，即尊严的本质是不受侮辱的权利。这种理解取向适合于基因科技医学应用的发展，因其引发巨大的伦理、法律争议，又无明确法规范调整，必须强调的核心就是要尊重人性尊严，而这种尊重就表现为社会中每个"人"希望别人如何对自己，自己就要如何对待别的"人"，以此来共同维护人类的尊严。比如，尽管胚胎、胎儿不具有独立的主体地位，也没有感知侮辱的能力，但只要社会共同体承认其有得到尊重不被侮辱的权利，他就享有人性尊严。以此类推，这种彼此尊重、社会认同的内涵，同样可以用来解决其他人体基因科技引发的种种争议。据此，对人体基因科技医学应用条件下人性尊严的理解，除了传统的主体性、自主性、平等性等内涵之外，更应该强调其"社会认同，彼此尊重"的内涵。

(三)人体基因科技立法规制的核心理念

1. 人性尊严是宪法规范的核心价值

首先，人性尊严在伦理上拥有至上的价值，它展示了人权的一个重要方面，体现了一种核心的道德顾及。德国伦理学家尼达吕梅林说："我将以人的尊严、以对每位人类个体尊重的规范性取向，视为一种伦理的(人道的)核心。"[②]这段话明确说明了人性尊严的至上性。因为尊严超越了一切价值，找不到可以替代的等价价值，因此，具有不可度量的价值，是无价的、至上的。

---

① 甘绍平：《作为一项权利的人的尊严》，《哲学研究》2008 年第 6 期。

② 转引自甘绍平：《作为一项权利的人的尊严》，《哲学研究》2008 年第 6 期。

正如日本著名的哲学家岩崎允胤指出的："人及其生存的尊严是最高的善。"[①]人性尊严作为宪法秩序的基础依据和重要价值，它的核心理解有二：第一，人本身即是目的，不得被要求或视为一种工具（物体）或手段，人若被物化、商品化，自然无尊严可言。第二，人得以自治（律）自决，不应处于被操控的他治（律）他决的地位，因此，自决权应受国家及他人之尊重。一个人在其基本权利行使之正当范围内，若乏自治自决的机会，人亦将丧失其尊严。[②]根据这个理解，人性尊严首要解决的是国家与个人之间的关系，即人是目的，每一个人都要被善待，其内在价值都要受到尊重，不得被当作工具使用。按照人体基因科技时代对人性尊严新的"社会认同，彼此尊重"内涵的理解，在民主法治条件下，人民作为所有的共同体成员，相互之间必须承认对方自我决定的自由和主体性自由，宪法与法律、法规、规章以及之下的所有法规范，适用时都不能与人性尊严相抵触。宪法意义下的人性尊严，主要目的是防止国家公权力对个人的侵害，同时也是对公权力行使的限制，公民的人性尊严是无法被宪法赋予的，因为人性尊严是一种先在的价值、一种最高的价值，无论宪法中是否有规定，国家都有义务保障人性尊严的实现，任何公权力机关都必须遵从这个最高目的，否则就要承担相应的法律责任。另一方面，在个人生活领域中，人性尊严是个人"生存形象之核心部分"，属于维系个人生命及自由发展人格不可或缺之权利，因此是一种国家法律必须"绝对保护的基本人权"[③]，将"人是目的"作为一个显性的哲学命题提炼出来是康德的杰作，同时也奠定了现代宪政所普遍确认的"人权"理念的基础。可见，人性尊严已经构成了宪法中的最高价值和重要的原则，可以说，确立了人性尊严理念，是宪政主义的一个重要标志。

其次，人性尊严被视为"宪法的最高价值"还来源于人性尊严与人权之间关系的认识。宪政的存在是以人为本体的，是"人为的"和"为人的"的有机统一，它通过保障人权来实现人的尊严。作为伦理价值的人的尊严是人

① ［日］岩崎允胤：《人的尊严、价值及实现》，当代中国出版社 1993 年版，第 22 页。

② 参见李震山：《"复制人"科技发展对既有法律思维与制度之冲击》，《中外法学》2002 年第 5 期。

③ 翁岳生：《行政法》，中国法制出版社 2002 年版，第 149 页。

权的根源。就像有些学者所说："人文主义的集中点在人的身上，从人的经验开始，每个人在他或她自己身上都是有价值的，一切价值的根源和人权的根源就是对人的尊严的尊重。"[①]他们都认为一切人权都是人性尊严的表现形式，人的尊严是各项人权共同的伦理基础和法理基础；人权是实现人性尊严的一种手段，当尊严作为一项权利时则是人权体系的核心；人性尊严原则是统领各项人权的概括性原则，也是人在经济、文化、社会等各方面权利的价值根源。当我们为基因隐私权、知情权、自主决定权等主观权利作辩护时，应当从人性尊严价值去挖掘其来源；当面对人的生命权、身体权、健康权等各项人权内容带来的挑战时，同样也应当从人性尊严那里寻求终极的哲学依据。

再次，正是人性尊严理念成为了保护人类的国际法律文件的人权基础。作为内在价值的尊严理念直接影响并渗透到《联合国宪章》《世界人权宣言》，乃至当今许多国际伦理法律文件。1945 年的《联合国宪章》前言规定："欲免后世再遭今代人类两度身历惨不堪言之战祸，重申基本人权、人格尊严与价值，以及男女与大小各国平等权利之信念。"1948 年通过的《世界人权宣言》前言中规定："鉴于对人类家庭所有成员的固有尊严及其平等的和不移的权利的承认，乃是世界自由、正义与和平的基础。"然后第一条就写道："人人生而自由，在尊严和权利上一律平等。"1966 年通过的《经济、社会、文化权利国际公约》序言强调："按照联合国宪章所宣布的原则，对人类家庭所有成员的固有尊严及其平等的和不移的权利的承认，乃是世界自由、正义与和平的基础，确认这些权利是源于人身的固有尊严。"此后，各个国家的宪法或宪政实践都确认了人性尊严的核心价值，并把保障人性尊严作为宪法追求的根本精神，并指出在宪法权利中建立的价值客观序列以社会中自由发展的个人尊严为中心，必须在所有的法律领域内被视为宪法的基本决定。可见，国际人权法明确确认人性尊严是一项最基本的、不可克减的权利，是国际社会秩序与法律规范的核心价值。

---

① 李龙主编：《人本法律观研究》，中国社会科学出版社 2006 年版，第 185 页。

2. 人性尊严是宪法基本权利的核心

“中国正在走进权利时代。在这个时代里，人的尊严和自由借助权利语言逐渐成为社会进步和制度建设的核心价值。”[①]这意味着，人性尊严是规范中的规范，基本权利中的基本权利，因为大部分的基本权利的重要目的之一，都在于使人性尊严获得保护与尊重。[②] 可见，人性尊严不仅是人权的来源和价值核心，也是一切宪法基本权利的核心价值。宪法对人性尊严的保障，直接关系到公民基本权利的实现，即人性尊严的保障是一切宪政制度和法律制度的逻辑起点，只有在承认人性尊严的基础上才能更好地保护人的基本权利，才能认识到国家和政府存在的唯一目的就是尊重和保护人。德国学者莱希勒认为，《德国基本法》关于人性尊严的规定表明：“第一，对人的尊严的维护是基本法价值体系中的最高价值；第二，人的尊严是一项宪法原则，它是其他宪法权利的基准；第三，它是判断法律正义与否的标准之一；第四，它是联邦宪法法院进行一般全力保护的原则。”[③]这段话说明，无论具体的权利，还是抽象的权利，人性尊严都是一种客观价值与理念的宣示，其作为形而上命题是在我国宪法之外的根本规范；作为基本国策的宣示规定，是宪法之内的根本规范；而作为实定法规范则是基本权利的根据与核心。由此可见，人性尊严除了作为宪法最高价值，还是最上位的宪法原则和抽象的人权实质，是检验一个国家宪法法律制度是否合乎正当性的标准，是考察国家是否对基本权利作出合理安排以及是否建立保障人权实现相关制度的根本依据。

人体基因科技迅速发展，一方面是对科技进步和研究自由的保障，另一方面是人类基本权利，即生命权、健康权、财产权、人格权等带来的巨大挑战，其核心是对人性尊严的挑战。然而，目前我国对人体基因科技的控制在很大范围内是对伦理界限的探讨，没有从宪法及法律制度层面广泛地进行立法规制。面对人体基因科技的医学应用，公民基本权利所面临的

---

① 夏勇：《中国宪法改革的几个基本理论问题》，《中国社会科学》2003年第2期。

② 参见李震山：《人性尊严与人权保障》，元照出版有限公司2001年版，第8页。

③ 韩大元：《外国宪法》，中国人民大学出版社2000年版，第138页。

威胁越来越大,同时还存在巨大的潜在经济危机及背后庞大的商业效益,迫切需要对各个主体之间的利益进行平衡调节。既然传统的伦理道德受到巨大挑战,新的适应人体基因科技发展的伦理体系还没有形成,法律上也没有一套适合的规范体系能够整合经济利益与科技发展的风险,那么,把人性尊严作为核心理念并指导其他各级立法进行平衡利益无疑是保障公民基本权利的新起点;否则,将难以与人体基因科技研究的发展进行对话。

另外,在人体基因科技的医学应用过程中,使同样蕴含保障"人性尊严"理念的宪法基本权利之间也发生了冲突。比如,父母基于其自我决定权要求医师按照他们的意愿改变后代子女的基因组成,是人体基因科技时代发生在不同主体的人性尊严保障之间的典型冲突,父母的自我决定权属于人性尊严的实现,而经过基因操控生出来的子女,同样具有人的基因组成结构,同样是宪法所保障的人性尊严的主体,同样具有人格独立性、生命权、健康权等。那么该如何平衡二者之间的权利冲突呢?前文已讨论过,人体基因科技带来的最大的权利冲突莫过于科学研究自由与人性尊严及公民基本权利之间的冲突。科学家进行的研究自由受到宪法的保障,是其自我发展、追求自我形成的人性尊严体现。但是,当研究者是以人类的基因或其他组织作为研究对象时,就与被研究者的自我决定权、隐私权、身体完整权等发生了冲突。可是,目前宪法或其他科技立法对这些不同主体、不同类型基本权利的冲突,并没有相适应的圆满解决的明确规定,只能通过具体的判例进行分析、协调和判决。所以,如果为这些权利冲突问题暂时先找一条出路或界限的话,那就是以人性尊严作为基本权利的核心理念。无论哪种基本权利,在具体行使的时候都有个最低限制,即必须尊重人性尊严,任何时候都不能侵犯。

再者,对人体基因科技发展引起的新型基本权利类型,目前宪法中并无相应规定。有学者认为,将人格尊严和实证主义的基本权利联结起来,寻求对其内容的真切理解,固然起到了使不确定的人格尊严概念确定化的社会效果,但由此却也限缩了基本权利的范围,丧失了对基于时代的变幻而不断涌现出来的新型权利的价值统合基础。[①] 这段话似乎描述的正是人体基因科技应用中出现的各种新型权利。比如,身体完整权、基因权、基因隐私权、基因专利权等,而宪法和法律中并没用相应的保护规定,在这种情形下,确定人性尊严的核心理念作为新型权利保护的依据就显得非常必要且重要,从某种意义上说,保障人权与宪法基本权利的终极意义就是保障个人的尊严。

3. 为具体人体基因科技立法提供依据

首先,随着人体基因科技的各项医学应用发展,人类对自身及自然的干预日益造成严重的技术危机,为此人类已经制定了一些保护人性尊严的伦理规范。比如,1997 年的《世界人类基因组与人权宣言》第十一条规定,不允许损坏人类尊严,如利用基因复制人的行为。2005 年,联合国教科文组织成员国全票通过了《世界生物伦理与人权宣言》,其中首要原则(即总第三条)就是"人的尊严和人权"。这也是首次在生物学和医学应用领域就保护人权和人的尊严问题制定的有约束力的起码规范。但是,伦理的调节始终不如法律强制力的调节更有效力,更有效果。在确立人性尊严作为核心价值和基本权利的起点与基础之后,国家各机关可以根据该理念的内涵来制定或完善相应的科技法律制度,同时也可以推动人性尊严保障的具体化和进一步实定法化。卡斯宣称:"人的尊严在当今生物技术方面具有至高无上的重要性。因为我们越来越沉溺于生物技术世界,越来越感受到忽略了人类尊严,因此要自担风险,出事自己负责。"对人的尊严的威胁来自"改变人性(trans-humanist)的科学的新领域……采用基因和神经工程使人类和机器之间杂交,通向被漫不经心地称为'后人类时代'的未来"[②]。从过去我国人体基因科技立法的实践可知,缺乏统一的立法理念是造成各项立法分散的主要原因。今后在人性尊严理念的指导下,要加快人体基因科技立法的步伐,因为法律的制定总是远远落后于科技日新月异的发展,而科技的发展恰

---

① 参见刘志刚:《人格尊严的宪法意义》,《中国法学》2007 年第 1 期。

② 转引自罗纳德·贝里:《论人的尊严》,吴万伟译,光明网:http://www.reason.com/news/show/118608.html,访问时间为 2010-01-13。

恰需要法律的保障与指引。在相应人体基因科技立法缺失的情况下，人性尊严的核心理念就如同一盏指路明灯，无论科技如何进步与发展都应秉持尊重人性尊严的发展方向。

其次，在人体基因科技医学应用过程中，除了已有的宪法基本权利和新出现的基本权利类型，还有我们所未探知的基本权利类型，随着科技的不断发展，它们也将纳入宪政的视野。而宪法列举的权利总会存在缺损和僵硬之处，所以，一般认为，凡是法律未明确列举的权利皆由人民保留。而"人性尊严"恰恰为人民保留提供了价值基础。人体基因科技的发展虽然使人的基本权利面临威胁，但不可否认的是它同时也拓展了人的自由空间和丰富了人的基本权利内涵。它的基本宗旨始终应该是秉持维护人性尊严的核心理念，促进人的全面发展，否则不但无法为人类服务，甚至会给人类带来毁灭性灾难。从这一点上说，人性尊严又为滥用基因科技划定了界限，并提供了立法的依据。例如，目前世界上各国关于禁止克隆人或禁止克隆人类胚胎的法律规定，都是以侵犯了人性尊严为理由。如欧洲议会 2002 年通过的一项禁止克隆人类的决议，认为克隆人类胚胎的行为违背了科学研究的准则，严重侵犯了人类的尊严；美国有关禁止克隆人法案曾在众议院获得通过，理由主要也是"保持人类的尊严"。[①]

人性尊严是宪政民主的基石，法治国家在发展科学技术时应充分尊重其国民的人性尊严。1959 年，在印度召开的"国际法学家会议"上通过的《新德里宣言》曾权威性地总结了法治的三条原则，其中第一条就是："根据法治原则，立法机关的职能就在于创设和维护得以保证每个人人保持'人类尊严'的各种条件。"而所有把人直接客体化、工具化和手段化的行为，都是对人的尊严的挑战和侵犯。[②] 这对能够控制和操纵生命出生直至死亡的人体基因科技时代来说，显得尤为重要，人体基因科技的发展与进步也不能违背维护人性尊严这一核心的价值理念，应能够以实现每个人有尊严地生存、发展所需之基本条件为己任，让每个人在追求社会的公平、正义及人类幸福的

① 参见陈斯彬：《克隆技术的宪政视角》，《华侨大学学报（哲学社会科学版）》2006 年第 1 期。

② 参见徐显明主编：《人权研究》第 3 卷，山东人民出版社 2003 年版，第 172 页。

前提下发挥自身潜能，并贡献社会、服务社会。[①] 只有当每个个体都能拥有自我生命存在的尊严，并能发自内心地去尊重他人生命存在的尊严，这个社会整体才是一个真正有尊严的社会，一个浸染于现代文明的社会。

二、我国人体基因科技立法规制的模式及原则

（一）立法模式

对基因科技领域的立法，有学者曾提出两种模式：水平面立法模式和垂直性立法模式。所谓“水平面立法模式”系“以程序为导向”（process approach）进行基因科技相关领域的立法，其主要目的在于形成独立的、跨越各个具体应用领域的基因科技法律规范，其规制的原因则是将基因科技视为危险源或风险源，并不问应用基因科技的个别具体对象或产品为何。[②] 这种模式的立法有比较明确的规范要求，比较容易建立一致合理的判断标准，有一定的预见性，有利于研究者或其他主体掌握基因科技相关的法律规范，从而尽可能克服基因科技的高风险性和不确定性所带来的风险。它的优点在于是针对科技研究的程序本身进行立法控制，从着手研究到成果应用可以建立体系化的法制体系，有共同的管制手段和管制程序。但这种模式也有缺点，因为是程序性导向，所以要分为不同的基因科技研究阶段对影响公民权利和法律利益的风险和危险加以控制，比如实验室研究阶段、基因科技产品开发、上市阶段等。欧盟很多国家基本上采用这种立法模式，比如，德国、挪威、瑞典等都已经制定基因科技法来对基因科技进行管制。而所谓“垂直性立法模式”是以个别产品领域或具体应用领域为导向进行相关立法。采

① 参见蔡维音：《德国基本法第一条人性尊严规定之探讨》，《宪政时代》1992 年第 1 期。

② 参见蔡宗珍：《程序导向的基因科技立法必要性与其规范内涵初探》，《生物科技与法律研究通讯》2001 年第 9 期。

用这种立法模式的代表国家是美国，为应对基因科技带来的风险，美国修订了《民权法》《健康保险法》等法律，并出台了《DNA 鉴定规则》以及其他一系列具体基因科技领域的立法。

另外一位学者根据各国法律体系对人类基因工程的研究与应用所采取的对应态度，提出了以下三种模式：

(1)积极地介入管制各种与人类基因科技相关的研究活动与应用领域，以对人性尊严的严密保护为优先，只有得到许可的基因科技才能继续进行，如德国的《遗传基因工程规制法》与《胚胎保护法》所采取的立法模式。

(2)对人体基因科技研究先采取保留的态度，订立暂时性的限制立法，等社会成员对人体基因科技的认识较成熟、凝聚共识之后，再制定相应的法律规范，这是美国目前采取的法规范政策。

(3)立法有意识地采取消极应对的方式，只就有必要解决的个别问题提出零星的规范，做最小限度的干预，这样人体基因科技的一些相关研究可能成为"法外空间"，既未正面承认，也未受法律规范。这是许多尚未拟定出对应方针的国家所采取的态度。①

以上无论哪种立法模式的选择，都能直接反映出立法者的价值取向。比如，美国的立法模式反映了立法者宽松的态度，欧盟则采取了比较严格的立法模式，日本对基因科技采取了既严格又宽松的中庸立法模式，澳大利亚的立法模式则具有综合性。中国目前的基因科技立法主要关注转基因动植物的安全问题，采取宽松模式立法害怕激励措施带来风险，而采取严格或综合立法模式又担心挫伤基因科技研究工作者进行创新的积极性。这种在立法模式选择上的举棋不定，不仅会导致严重的立法滞后，还可能造成法律之间的相互矛盾和监管不力，同时也很难确定人体基因科技法律调整的对象、范围和责任。因此，确定适合国情的立法模式对我国人体体基因科技的立法规制是非常重要的。

---

① 蔡维音:《"人性尊严"作为人类基因工程之基础法律规范理念——人性尊严作为法律概念其内涵开展之可能性》, http://myweb.ncku.edu.tw/-weintsai/Doku/HumanDignity.pdf,访问时间为 2010-04-01。

目前，在中国应采取水平立法模式与垂直立法、积极介入管制与订立暂时性立法相结合的立法模式。水平面立法体现为制定一部专门适用于人体基因科技研究和应用的《人体基因科技基本法》，以区别于动物、植物安全的转基因法律规制，对人体基因科技医学运用的整个过程进行立法控制，包括研究准入制度、人体试验操作规范，以及对基因科技研究成果应用等进行法律规制。垂直性立法体现为对不同的人体基因科技项目和领域进行专项立法，比如，制定单独的《人工辅助生殖法》《基因检测法》《基因治疗法》《胚胎干细胞研究法》《克隆技术法》等。对于目前已经相对成熟的基因科技研究，应采取积极介入管制的立法模式，比如，对利用基因科技的人工辅助生殖技术研究要积极进行介入管制，禁止对人类的生殖基因进行随意研究；而对于目前争议比较大，可能存在一定风险，但又确有必要进行研究的基因科技，可以对其进行暂时性立法，先制定相应的法规、规章进行规范，待慢慢发展时机成熟之后再制定基本法律进行调整，比如，对于治疗性克隆研究、胚胎干细胞的研究等。

（二）基本原则

基本原则是指立法者在创制法律的过程中，应该遵循的行为准则，是指导思想的规范化和具体化。我国人体基因科技立法同样要遵循立法的一般基本原则，如科学性原则、民主原则、合宪性原则等。但由于其自身的特殊性，还应遵循一些特有的基本原则来平衡各方主体的利益。

人体基因科技牵涉的主体主要有三方：一是人体基因科技的研究者、投资者，他们希望能够自由地进行研究，受的限制越小越好，同时风险最好由国家或民众负担；二是公民和消费者，他们希望能够最大地享受基因科技研究成果，同时不承担风险；三是作为全民利益代表的国家和政府，国家要最大限度地规避人体基因科技带来的风险，保障人民的各项基本权利，同时又要全力促进人体基因科技的进步和良性发展。因此，人体基因科技的立法原则，必须有多层次、多角度的考虑。在人体基因科技立法过程中，要遵循以下几个基本原则：

1. **保护人类基因所有者或支配者合法权益原则**

人体基因科技，无论是研究、开发还是应用、转让都建立在利用基因这种生命物质的前提之上，而基因通常都是在人体或动植物体内，有其特定的主人，即所有者或支配者，所以人体基因科技研究首先面对的就是基因所有者或支配者的基因利益保护问题。人体基因的所有者或支配者就是该基因所隶属的人，人对其所有的基因应当享有基本权利①，所以确立保护人类基因所有者或支配者的合法权益是人体基因科技立法应当确立的首要原则，否则会导致侵权案件的发生。如美国著名的Moore vs. Regents of the University of California案，研究、开发的一方古德医生及其助手没有经过基因所有者，即患有发细胞白血病的原告摩尔的知情同意，就把采集取得血液、骨髓与其他组织、液体的样本用于研究新的细胞系，并申请专利，获得巨额商业利润。② 在这个案件中，基因、细胞所有者的合法权益就被侵犯了。在人体基因科技立法中首先应遵循的原则就是任何人利用他人所有或具有支配权的基因进行开发、研究、利用或转让时，必须要告知基因所有者或有权支配者相关的研究内容和潜在的危险及利益，并征得其同意，否则任何人不得利用他人的基因来进行研究。尤其是此种研究有可能获得经济利益时，基因所有者或有权支配者有权要求参与其利益的分享。国际人类基因组织(HUGO)伦理委员会于2000年4月9日在温哥华发表的《关于利益分享的声明》明确了这一原则。但该原则是一项伦理原则，显然满足不了保护基因所有者和有权支配者利益的需要，应该将其作为立法原则加强保护。随着“人类基因组计划”的成功，人体基因科技的研究将一日千里，对人们的生活影响会越来越广，甚至改变人类的命运。③ 我国正面临一场没有硝烟的战争，由于我国人口多、民族多、病种多，基因资源称得上是世界首富。很多国

① 参见王岳：《基因科技的法律问题研究》，《法律与医学杂志》2002年第2期。

② 参见颜厥安：《财产、人格，还是信息？论人类基因的法律地位》，中国论文下载中心：http://www.studa.net/faxuelilun/060521/08464941－18.html，访问时间为2010-1-28。

③ 刘长秋：《论我国基因工程专利保护的必要性及其立法障碍与对策》，《安徽法学》2002年第5期。

外的公司或组织纷纷通过各种途径，来抢夺我国的基因资源，并且在获得某些疾病的基因后在国外注册专利，以此来获得巨大的商业利益。目前，我国对人类基因资源保护立法不够完善，导致大量基因资源外流却没有法律依据得到相应有效的救济，这无疑给我国众多基因所有者的利益乃至国家的利益造成巨大的损失。因此，在制定《人体基因科技基本法》时，将保护基因所有者或有权支配者的合法利益作为首要的原则非常迫切而且重要。

2.谨慎立法原则

人体基因科技自 1953 年 DNA 双螺旋结构被发现以后开始兴盛，虽然给人类带了很多美好的前景，但由于技术上的不成熟，一些潜在危险并未被人类完全掌握，还存在很多安全性、有效性、滥用科技、侵害人权的争议。因此，很多国家都采取保守的态度，谨慎立法。比如，《德国基因科技法》第六条规定，基因科技设施及基因科技工作或转基因产品的释放都必须依科技与技术的现状来评估风险，并考虑人类健康以及环境的安全；基因科技的经营者必须依据科学与技术的现状来采取必要的措施，防止个人健康与生态安全遭到破坏。我国在对人体基因科技医学应用进行立法规制时，也应采取这个原则，既可以防范已经形成的或者迫近的危险，更重要的是能尽最大限度地把将未来可能发生的、可以预见的或者还没有预见的各种风险都能纳入立法体系当中，以对受保护的法益提供 个符合最低安全性期待的基础。但是谨慎立法，并不等于为保障绝对的安全性需要而禁锢科技的发展，还应该以促进和保障人体基因科技研究自由的目标，既不能超前立法，也不能滞后立法；既不能把规则定得太松，也不能定得太严；既不能不处罚危害人民健康的人体基因科技研究和应用行为，也不能罚得太重，一切以刑法为手段。应当根据人体基因科技医学运用带来的危险、风险、具体损害、剩余风险等程度进行区分和定性，确定几种程度不同的立法规制模式。对于给社会将带来巨大危险的技术，应采取完全禁止模式，如生殖性克隆的研究；对于具有一定风险，但可以给人类带来利益的技术，应采取有限度允许的立法模式，如治疗性克隆研究；对于给社会带来剩余风险，但可以合理容忍的应采取允许立法模式，如对基因检测、基因治疗研究等，如果其造成了个人伤害或社会损失，可以先通过民事制裁或行政制裁进行解决，只有当研究活动造成严重后果或影响时，才能予以刑事制裁，即刑事制裁应被视为最后不得已的惩罚手段。

3. 保障安全性、有效性与研究自由相结合原则

研究自由原则是进行人体基因科技研究的重要基石。“对于科学研究关上大门，不仅会妨碍认识的积极积累，而且意味着会使我们在可能的灾难面前失去抵抗力。”[①]“自由”不仅是人性最基本的需要，而且是自我价值实现和社会进步的强大动力，也是一切高雅的精神文化得以产生的不竭源泉。正是在这个意义上，密尔(Mill)宣称“天才只有在自由的空气里，才能顺畅地呼吸”[②]。可见，科学研究自由原则，具有极为重要的价值，它是促进科学向前发展和为人类创造福祉的动力和源泉。对影响社会和人们生活方式至深的人体基因科技研究，不确立研究自由的原则，很难想象会有突飞猛进的进步，如果因为可能引起危害后果就遏制其研究，无疑是因噎废食。但现实中基因检测、基因治疗、胚胎干细胞、克隆技术的研究和应用，又确实存在对人类巨大伤害的风险，所以在保障研究自由的同时不能放松对安全性和有效性的警惕。谨慎立法原则的基本目标就是保障研究的安全性、有效性，也是人们最基本的生存需要，所以要在一定程度上对研究自由给予限制。“控制论之父”美国科学家维纳在《控制论》序言中曾指出：“科学技术的发展具有人为善和作恶的巨大可能性。科学技术给人类带来一个又一个喜讯和捷报……但现代科学技术带给人们的绝非只有幸福、享乐。所以，科研自由不是为所欲为、肆意而为。现实的自由只能是对于限制的有限否定，只能在合理的限制中否定不合理的限制。”“只有合乎规律地否定某些限制，才是自由的真谛之所在。”[③]这说明那种认为人体基因研究自由可以不受道德价值评估、必要的社会监督和立法规范的绝对自由观念是错误的，正确的态度应是如1789年的《人权和公民权利宣言》第四条所陈述的：“自由即是能够做不损害

---

① [美]保罗·库尔兹：《保卫世俗人道主义》，余灵灵等译，东方出版社1996年版，第252页。

② 转引自寿在勇：《基因兴奋剂：科研自由与道德约束》，《广州体育学院学报》2007年第6期。

③ 转引自吕耀怀：《信息伦理学》，中南大学出版社2002年版，第56页。

他人的一切”，自由“既非普通的，亦非绝对的”。从某种程度来说，安全性、有效性也是对人体基因科技研究自由的一种限制，在进行立法规制时，不能割裂二者，只重视其中任何一个方面，而是必须遵循二者相结合的原则。

4.禁止人体基因科技滥用原则

任何一项技术若被滥用都可能带来严重后果，但这不能归罪于技术本身。人类基因组测序、基因剪接、细胞融合、克隆技术等这些人体基因科技医学应用产生的风险比以往任何其他科技都要复杂和不确定。联合国以及其他很多国家在立法时都关注其滥用可能造成的后果，并且明确规定禁止几种人体基因科技滥用的情形：

(1)将人与动物的遗传基因进行重组，加以培育；

(2)克隆人；

(3)制造基因武器，发动生物战争；

(4)通过基因科技选择优良人种。

当然，在立法时规定滥用的情形不只限于这四种，因为人体基因科技发展突飞猛进，假以时日就会出现新的滥用情形，还有很多目前未能预见到的科技危险。因此，在法律中应当规定，只要是出于不正当的或非道德的目的，对人体基因进行非法转接、解析，可能给人类带来巨大危害的研究，都应该禁止。除此之外，还要禁止任何团体和个人从事以盈利为目的的基因科技成果交易。一旦有滥用人体基因科技的行为发生，政府部门有权力根据法律规定进行处罚。当然，在滥用行为发生之前更要进行严格的监管。比如，目前世界各国对生殖性克隆人的禁止性法律规定就属于此种情形，否则“克隆人”一旦真的诞生，他就因为具有人类的基因组结构的组成而享有被当作“人”对待的权利。从这一点上来说，在进行立法时，要多加强国际间的交流，共同签署有关国际条约，共同禁止和惩罚有关人体基因科技的滥用行为。

三、构建我国人体基因科技规制法律体系

(一)宪法层面之构建

1.目前我国宪法人格尊严条款分析

我国现行《宪法》第三十八条规定:"中华人民共和国公民的人格尊严不受侵犯。禁止用任何方法对公民进行侮辱、诽谤和诬告陷害。"这是针对"文革"期间个人受机关和他人恣意迫害,人性尊严受到侵犯的严重后果,宪法适时增设的保障人格尊严条款。1982 年《宪法》成为中国历史上第一部赫然写着"公民的人格尊严不受侵犯"的根本大法。2004 年修改宪法,又把"尊重和保障人权"列为重要的人权保障原则。

对我国宪法的人性尊严条款,有学者认为存在以下几方面的缺陷:第一,该条前一句只规定了"中华人民共和国公民的人格尊严不受侵犯",而没有体现外国宪法以及我国政府已经签署的《公民权利和政治权利国际公约》的相关规定。比如"对任何人均不得施以酷刑或残忍的、不人道的或侮辱性的待遇或惩罚","未经本人自愿同意,不得对任何人作医学或科学试验","所有被剥夺自由的人应受到人道及尊重其固有尊严的待遇"等最基本的尊严权内容。第二,我国宪法人格尊严条款的主体仅是基于一国国民属性的"公民"身份而享有,并非是基于个体身份而享有。第三,此"人格尊严"仅对抗的是民众之间的"民事"和"刑事"关系,而不是具有对抗国家的性质。[①] 第四,后半段"禁止用任何方式对公民进行侮辱、诽谤和诬告陷害"所对应的应受保障的人格利益,主要限定于姓名权、肖像权等名誉权与荣誉权。尽管后来 2001 年《最高人民法院关于确定民事侵权精神损害赔偿责任若干问题的解释》新增了身体权、人格尊严权、人身自由权、隐私或者其他人格利益,但

---

① 参见秦前红、韩永红:《宪法"基本权利核心概念"研究——基于中日比较的视角》,《广东社会科学》2008 年第 1 期。

调整范围还是较窄。[①] 第五，无论把宪法人格尊严理解成狭义或者广义的人格权，其落脚点仍在于它是公民的一项基本权利或法律上的权利。从权利的形态上看，法定权利是国家立法机关通过立法活动以法律形式固定应有权利形成的，是得到法律确认的权利，对该权利进行救济必须有相关法律规定。所以，当我们寻求救济时，前提必须是法律规定的权利受到了不法侵害，这实际上就把人格尊严限制在某个范围之内。

大多数学者倾向于认为，我国宪法人格尊严条款仅为一项具体的公民基本权利，对人性尊严的尊重和保护还未上升到一种国家或公民的法律或宪法义务，不能充分反映人性尊严作为宪法的本质性价值、整个人权保障体系的价值基础或基本权利体系的核心价值地位。

由此，很多学者提出了解决办法，归纳起来共有三种：

一是对宪法进行解释。如林来梵教授提出的“人性尊严条款双重规范意义说”[②]认为，我国现行《宪法》第三十八条前段有关“人格尊严”的规定，可相对独立地理解为一项体现了人权保障之价值基础的一般性准则，同时还可理解为是确认了作为一项个别性权利的人格尊严条款，而后段则是以禁止性规定的形式，对这一权利进行补充性的展开。而这项个别性的基本权利，则相当于宪法上的人格权。

二是将人性尊严规定为一项宪法基本权利。如我国台湾学者提出，将作为概括性宪政基本原则的“人性（格）尊严”明示为一项基本权利，将人格尊严置于人权谱系或清单之中。[③] 这样，人性尊严不仅是个人拥有的一项宪法基本权利，同时也是一个能够直接在法院适用的宪法规范，称为实现人权的一项制度性保障。它能让公民在自己的宪法权利受到侵犯而没有明确法律适用依据时向法院主张保护自己的权利，同时约束政府的公权力。

三是将人性尊严宣示为宪法权利的核心价值。宪法中除将人性尊严作

① 有学者作宽泛意义解释，把隐私权也包含在此处人格权内，如莫纪宏、韩大元教授等。

② 参见林来梵：《人的尊严与人格尊严——兼论中国宪法第 38 条的解释方案》，《浙江社会科学》2008 年第 3 期。

③ 参见李震山：《台湾人权五十年回顾与前瞻》，《月旦法学杂志》1999 年第 44 期。

为基本人权进行概括性宣告之外,还应明确宣示其为宪法基本权利的核心价值[①],即在宪法中具体规定各项基本权利之外,把人性尊严作为基本权利的核心价值以一般概括性条款的形式确立下来,作为保障人权的一种承接规范。当宪法基本权利规范有缺漏导致救济难以实现时,可以发挥宪法人性尊严价值功能,最终实现对基本权利的维护。当然,只规定人性尊严的保护条款是不够的,还要对宪法的基本权利进行细化、完整化规范。

2.宪法层面人体基因科技立法规制构建

(1)明确宣示人性尊严为宪法基本权利核心价值原则

在上述三种解决人性尊严核心价值地位的方案中,作者赞同第三种方案。首先,在宪法中应明确宣示人性尊严是宪法的核心价值,并作为基本权利的基础,也是人性尊严核心理念的体现。其次,目前宪法人格尊严条款不利于人体基因科技医学应用下人性尊严和各项基本权利的保护,宪法应强调人作为人的尊严得到国家、社会和他人的起码尊重并不能被侵犯的权利,主要目的是防止国家公权力机关对公民权利进行侵害。因此,有必要在宪法中明确保护人性尊严的原则,并像外国宪法那样设立专门的条款规定姓名权、肖像权、名誉权、荣誉权和隐私权等具体的人格权,与规定人性尊严权的条款分开,或者对《宪法》第三十八条人格尊严进行广义上的解释,扩大人格尊严的内容,将其上升到保障人性尊严的价值高度。[②] 另外,目前人体基因科技发展中,人性尊严不仅需要国家公权力的不干涉、不侵犯,更需要国家进行积极的作为来保护和促进,所以宪法中更要明确在基因科技领域中的人性尊严保障原则。宪法增加的人性尊严保障条款可以这样规定:"国家有义务尊重、保护和促进人体基因科技的发展,人性尊严不得侵犯。"

(2)宪法中增加与人体基因科技医学应用中相关的基本权利保护规定

目前,我国宪法中列举的一些基本权利面临着人体基因科技医学应用的冲击,很多权利在宪法中找不到明确的依据,比如生命权、健康权、身体不

---

① 参见杜承铭:《人性尊严:作为民生之本的宪法权利》,《江汉大学学报》2008 年第 3 期。

② 参见梁家平、蒋超、陈焜如:《"自证无罪"与人的尊严 ——兼论我国宪法人格尊严权利救济》,《长沙铁道学院学报(社会科学版)》2008 年第 4 期。

受伤害权、隐私权、环境权等。所以人体基因科技的医学应用有时处于被动局面，在很多问题上无所适从。比如，在胚胎干细胞研究中，究竟胚胎何时可以用于试验，何时享有人格权，何时有人性尊严，何时成为法律的权利主体，是否可以作为客体进行研究，等等。如果不在宪法中明确规定保护那些随着人体基因科技医学应用而产生的新型基本权利，将不利于社会秩序稳定，更不利于对公民基本权利的保障及发展自由。因此，需要完善宪法对基本权利体系的规定，应明确列出人体基因科技发展所需保护的新型权利，如基因信息权、基因隐私权、身体完整权等，并给予一定解释空间，包括权利主体、保护范围、功能、限制等，并以此为研究重点，扩大法学在基因科技发展下的研究视野，及时调整相关法律来回应人体基因科技发展的需求。为确保人性尊严和基本权利的实现，同时建立宪法诉讼机制，完善违宪审查制度和相关程序，使人性尊严和基本权利在被侵犯时能得到有效的司法救济。

（二）构建我国人体基因科技规制法律体系

在基本法律层面，虽然《科学技术基本法》以及其他一些基因科技法律，已经在基因科技医学运用中起到一定规范作用，但是其主要的目的或规范领域在于转基因动物、植物以及食品安全等方面，没有专门对人体基因科技医学应用进行系统调控，并且其基本价值取向是促进基因科技的发展，对保障权利方面着墨不多。而人体基因科技的医学应用已经对人性尊严、生命权、健康权、身体权以及其他基因隐私、信息权与专利权等基本权利带来了巨大的冲击和挑战，并且这些权利都是宪法所追求、所保护的法益。当人民基本权利的法律保障出现漏洞时，无论是从平衡促进基因科技良性发展与保障公民基本权利为目的的角度，还是从科技法律本身维护人类根本利益的价值目标，制定一个总纲性的、水平面的人体基因科技基本法都是非常必要而迫切的，其性质可以定位为基因科技法的下位法。在制定《人体基因科技研究的基本法》的基础上，可以再陆续制定专门调节各具体领域的单项人体基因科技法，如《人工辅助生殖法》《基因检测法》《基因治疗法》《人胚胎干细胞保护法》《治疗性克隆法》等。

在行政立法方面，以宪法和基因科技法律为基础，制定配套的、具体的国务院行政法规、规章及实施细则。人体基因科技医学应用发展具有未来不可知性、不确定性和迅速发展的特征，如何根据基因科技发展的事实，不断进行相应的、提前的立法是当代基因科技立法规制的一项重要课题。而行政立法的灵活性、自由裁量性恰好能弥补立法滞后性的缺陷，所以在制定法律之后或没有立法之前都要充分利用行政弹性立法的空间，更好地为人体基因科技提供法律保障。

最后，由于人体基因科技一旦被滥用，会导致很多违法犯罪情形，有些后果甚至不堪设想。其中有些犯罪是刑法目前没有规定的，比如，制造基因武器，利用基因技术制造非法药物等。所以，在刑法中也要及时地、预防性地对人体基因科技相关犯罪进行立法，可以通过修改刑法的方式增加相应的基因犯罪处罚条款，但应注意必须是造成或者可能造成对人类健康及福利的重大后果才采取刑事制裁的方式，其他一般伤害则应采取民事制裁或行政制裁方式。至此，整体上就构成了由宪法、科技法、人体基因科技基本法及其他专项法律，国务院行政法规规章，地方性法规规章，以及刑法这样一个系统的法律体系，共同规范人体基因科技的医学运用，在促进人体基因科技的良性发展的同时又充分保障公民的各项基本权利。

曾有学者提出了我国科技法律体系的整体结构图表，其中，生物科技法是科技法律体系中的重要组成部分(见图 6-1)。[①] 基因科技法是生物科技法的基本构成要素，其他主要包括《信息科技法》《纳米科技法》《智能科技法》《网络通讯科技法》等(见图 6-2)。而基因科技法又自成体系，包括非人体基因科技法与人体基因科技法，人体基因科技基本法则是人体基因科技法的核心组成部分。确立人体基因科技基本法的框架，明确其主要内容是构建人体基因科技规制法律体系的重心。

---

① 参见梁如霞:《国家科技法律体系建设问题探析》,《山东工商学院学报》2003 年第 4 期。

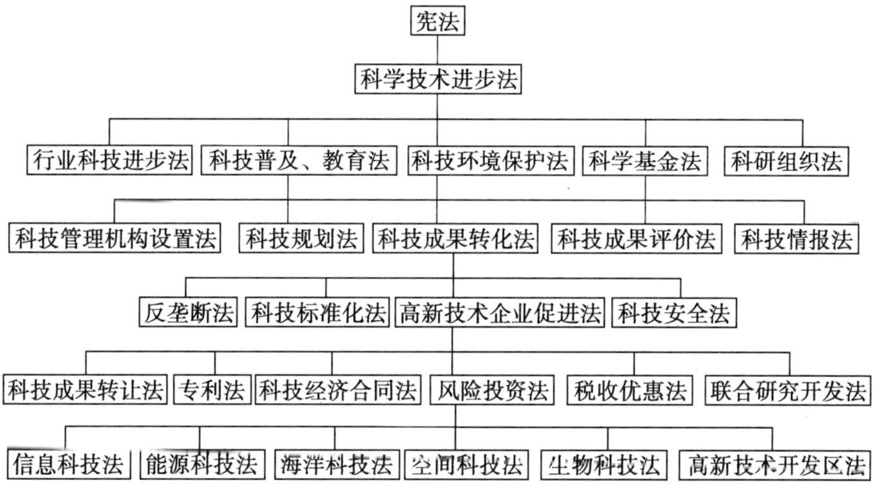

图 6-1　我国科技法律体系整体结构图

- 生物科技法
  - 信息科技法
  - 基因科技法
    - 非人体基因科技法
    - 人体基因科技法
      - 人体基因科技基本法
      - 人工辅助生殖法
      - 基因检测法
      - 基因诊断治疗法
      - 基因筛检法
      - 胚胎干细胞法
      - 人体组织保护法
      - 遗传资源保护法
      - 基因咨询保护法
      - 基因专利法
      - 基因复制法
      - 基因隐私法
      - 胚胎保护法
  - 纳米科技法
  - 智能技术法

图 6-2　人体基因科技法律规制体系主体部分

(三)《人体基因科技基本法》的基本框架与主要内容

1.《人体基因科技基本法》的基本框架

由于人体基因科技的医学应用范围非常广泛，引起的伦理和法律问题比较多，所以要制定一部水平面的基本法律，实属不易。一方面要避免面面俱到，另一方面要能对各项人体基因科技起到规范作用，所以也不能太具体，只能针对人体基因科技的共性问题进行规范，其中每个具体的领域将来要制定相应的专项单行法，在上述人体基因科技规制的法律体系中也有所体现。基于这部基本法促进人体基因科技发展、保障人权以及趋利避害的目的，这部基本法律至少应包括下列七章内容，其大致框架可以这样设计：

第一章　总则

主要包括立法目的、基本原则、适用范围、管理机构、本法用语。

第二章　一般规定

主要包括人体基因科技研究和应用的一般性规定。应当与国际伦理、法律文件保持基本一致。比如，不得侵犯人的尊严、人权和基本自由等。

第三章　权利保障

主要包括人体基因科技研究涉及的各项基本权利，如基因信息权、知情同意权、基因专利权、基因隐私权、基因所有权、身体权等。

第四章　人体基因科技的研究

主要是对人体基因科技研究的一般性规定，包括许可和准入制度、审查制度等；对不同的单项人体基因科技也作出一般性规定，如人工辅助生殖规范、基因检测规范、基因治疗规范、胚胎干细胞规范、治疗性克隆规范等。

第五章　人体基因科技的医学应用

主要包括各项人体基因科技成果应用的范围、使用条件、投放市场、所得收益、进行销毁等，如基因治疗药物的许可、生产、经营、流通、收回等规定。

第六章　管理机构、研究机构、职业机构职责

主要规定管理机构的权限，国家介入管制的时机和范围，各职能部门的一般职责和专项科技领域管理部门的专门职责；研究机构的职责权限、职责范围与职责义务，从事人体基因科技研究人员的特定职责，如谨慎、注意、智力工作的诚实和正直；相应职业机构所需要履行的职责，如医疗机构为实施基因治疗所履行的职责，包括对患者的检查、同意、保密等。

第七章　法律责任

主要规定违反本法各项规定所应承担的法律责任，包括民事责任、行政责任和刑事责任。

2.《人体基因科技基本法》的主要内容

在上述《人体基因科技基本法》的基本框架中，第一章总则部分是整个法律的目的、定位、基本原则、适用范围以及管理机构的规定，体现的是整部法律的目的和精神，即尊重人性尊严、保障基本权利和自由、促进科技进步。第二章一般规定部分是这部基本法的基础，也是对人体基因科技共性进行规范的部分，趋利避害的特点应该表现在这一章。所以应该体现对核心理念和精神的贯彻，尊重人性尊严，尊重研究自由，规定一般性的防止科技滥用以及防止对人类造成危害的条款，如禁止歧视、禁止克隆人等都应在本章予以规定。第三章是关于人体基因科技相关权利保障，是本部基本法的重点部分，因为已有的人体基因科技法律的基本精神在于促进科技进步，维护公民安全，但对相应各项基本权利保障略有欠缺，所以有必要突出权利保障的规定，尤其是面对能操控人类生育以及死亡的人体基因科技带来的风险和影响，目前讨论比较多的各项基因权利的保护都体现在这一章。第四章是这部基本法的主体部分，与第二章的一般规定相比较，这部分内容是对人体基因科技的研究进行细密化的规范，包括研究的条件、范围、风险评估、审批和准入等具体法律制度的设计以及人体基因试验操作规范要求等。

上述前四章应成为这部基本法的主要内容，限于篇幅，这里不详细列出，只是对一些目前讨论比较热烈、迫切要求在法律中明确作出相应规定的

重点内容，如立法目的、立法原则、基因法律地位、基因隐私权与知情权、风险评估制度、研究准入制度等几点作出说明，然后尝试着草拟了前四章内容的主要条款，以求教于各位专家和读者。

(1)立法目的

对于人体基因科技来说，风险控制和促进其良性发展是其立法的主要目的。一方面，如前文所述，人体基因科技发展对人性尊严、人类生命、身体、健康、财产以及生态环境都可能带来一定的危险，而这些权利都是宪法所确认和保护的法益，迫切需要对其立法进行规制，以规避风险或把人体基因科技这种危险源纳入法律规制的范围，从而减少损害。另一方面，明确而相对完善的法律规制体系能够推动和促进人体基因科技的良性发展，实现科技成果的可能效益，同时保障宪法所承认和保护的各项相关基本权利，比如研究自由、经济自由、职业自由、营业自由、知识产权以及相关财产权利等。为宪法所保护的各项法益在人体基因科技发展过程中表现出强烈的对立性与冲突性，所以只有很好地进行立法规制才能对二者之间的冲突进行协调，平衡各方利益。

以世界上最早颁布的《德国基因科技法》为例，第一章第一条中就明文规定其立法目的是：

①保护人类的生命与健康、动植物及其生存范围的环境与资产，使之免于基因科技程序与产物所可能带来的危险，并预防此类危险的发生。

②为基因科技之学术、技术与经济前景的研究、发展、利用与推动，创设法律许可的范畴。[①]

立法目的是立法理念的直接体现，在确立人性尊严作为人体基因科技立法规制的核心理念之后，面对人体基因科技给人们生活带来的巨大风险和挑战，应明确避险除害、促进人体基因科技的良性发展与保障人权、提高人类生活质量之间的动态平衡的立法目的。具体在制定《人体基因科技基本法》时，可以这样草拟其立法目的的条款："根据中华人民共和国《宪法》以及

---

① 参见德国 1990 年 6 月 20 日颁布的《德国基因科技法》，该法于 1993 年、1997 年修正。

《科技进步法》等，为了规范人体基因科技的研究与应用，保护人性尊严及身份[①]，维护人类生命健康、身体完整性以及其他基本权利与自由，促进人体基因科技进步与健康发展，制定本法。”

(2)基本原则

当前，我国各个部门法都有相适应的一些基本原则，而人体基因科技相关立法比较分散，没有明确立法核心理念，所以基本原则也各不相同。从法理上说，法律由概念、原则、技术性规定及其他法律规范四个要素组成。法律原则的地位较特殊，“它作为调节全部社会关系或某一领域的社会关系的法律准则，具有宏观的指导性和较宽的覆盖面”[②]。法律原则与具体的法律规范不同，它不设定具体行为环境，不设定具体行为模式，没有明确的权利义务要求，更没有明确的法律后果，而只是对法律规范进行统一的、原则性的解释和说明，比较概括。但也正是基于法律原则的上述特点，使它在人体基因科技立法规制体系中的地位非常重要。因为人体基因科技的研究与发展一日千里，法律的回应表现在两个方面：一是制定了相应的法律规范，但明显落后于科技的发展；二是科技发展迅速，根本没有制定相应的法律进行规范，即立法漏洞。另一方面，基因科技的迅速发展，产生大量复杂的社会关系需要处理，甚至有些矛盾已经激化到需要诉讼解决。在这种没有明确的规范情形下，法律原则就可以被作为处理和解决现实中发生的各种争端的依据，同时，由于一些基本原则的适用，也能为早日立法或完善立法提供更好的依据。因此，在人体基因科技基本法的制定中，基本原则的地位非常重要，一方面起承上作用，贯彻了人性尊严的立法理念；另一方面也对具体的立法实践提供依据，甚至于没有立法或立法不完善时指导司法实践，裁决纠纷。根据本书前述的相应基本原则，立法时其具体条文可以这样草拟：“人体基因科技的医学运用应遵循尊重生命价值原则、预防立法原则、谨慎立法原则、保障安全性和有效性与科研自由相结合原则、禁止人体基因科技滥用原则、人与社会自然协调发展、国际互助合作原则等。”

---

① 此处在人性尊严之外又加上身份，意为保持人类同一性身份，不允许克隆。

② 赵震江、付子堂：《现代法理学》，北京大学出版社 1999 年版，第 15 页。

(3)基因的法律地位

基因是指携带有遗传信息的DNA序列,是控制形状的基本遗传单位。它有两个特征:一是能发生"突变",导致疾病;二是能够进行复制,保持生物基本特征。目前,对基因性质主要有三种看法:第一,基因是身体的组成部分,属于人格权中的身体权;第二,基因属于自己的财产,即拥有财产权;第三,基因同时具有财产权和人格权的双重属性。由于基因是由遗传物质组成,人类身体所必需的生理组成部分带有这些基因,所以从物质层面看,基因属于"身体的一部分"基本无争议,也就是说尚未与身体分离的基因,可以看作是身体的一部分,适用于身体权或健康权。引发争议的是那些与身体分离之后的基因,如人体组织、毛发、体液、器官等,其中包含的基因的法律地位如何确定。根据大陆法系传统的主客二分法,人对自身拥有人格权,而对物拥有财产权,二者之间有明显的界限。如果将基因作为人格权的客体,"根据民法的一般理论,人格权包括物质性人格权和精神性人格权,前者主要包括身体权、健康权和生命权等以物质利益为主要内容的人格权,后者主要是指人格尊严和人身自由等以精神利益为主要内容的人格权。从人体内提取基因进行研究的行为,究竟侵犯了何种权利?"[①]假如分离后的人体组织、器官等被视为"物",那么其中包含的基因作为财产权客体就有价值,可以作为商品进行交换、转让,带来经济利益,这无疑违背了人性最基本的价值和尊严。所以,对人类基因的法律性质定位应是财产权与人格权的统一。为了减少争议,切实保护基于人类基因之上的各种权利,必须首先确定以基因的法律地位为前提,建议在制定《人体基因科技基本法》时明确规定基因的法律地位,其条文可以这样草拟:"人类基因的所有者或有权支配者,对其基因享有财产权与人格权益。他们有权决定是否提供基因样本与许可使用基因信息;有权决定基因样本可在何种目的下被分析或使用(如研究或商业目的);有权知悉基因分析后所衍生的信息;有权要求销毁基因样本或基因信息;有权检查基因信息记录,要求取得记录复本等。"

① 周琼:《论人类基因及基因信息的法律地位》,《科技与法律》2006年第3期。

(4)基因隐私权

如前文所述,人体基因科技的发展对隐私权带来巨大挑战,基因隐私权应上升为一项宪法基本权利予以保护。我国法律目前对隐私权的保护很不完善,对基因隐私权的保护更是陷入困境。由于获知基因信息更为方便、快捷,一旦泄露,对个人的生活、就业、入学、婚姻和家庭都会产生颠覆性影响,产生各种各样的基因歧视。因此,在法律中明确规定基因信息的可获得途径、基因信息获知的范围以及基因信息披露的主体、界限等,成为保护基因隐私权非常迫切的需要。在人类基因组计划实施之初,美国就意识到基因资讯的取得、储存和管理是未来社会面临的严肃课题,意识到基因资讯与个人在社会中发展的各种权利密切相关,如果没有一套适当规范进行管理,可能会对人格权造成威胁。因此,1995 年美国能源部委托波士顿大学卫生法律系的学者研究制定了一套保障基因隐私的模拟法案,为将来联邦或各州立法提供范本,成为保护基因隐私的重要参考文献,对我国基因隐私立法同样具有重要的参考价值。这部《基因隐私法》范本共九章一百八十三条,体例为:第一章,DNA 样本的采集与分析;第二章,私人基因资讯的揭示;第三章,关于指认尸体与法院命令基因分析的例外规定;第四章,研究活动;第五章,未成年人与无行为能力人;第六章,怀孕妇女、胎儿与体外胚胎;第七章,其他规定;第八章,施行;第九章,生效日期、适用与其他法律的关系。[①] 可见,美国隐私权范本规定的保护内容是比较细致的。目前,我国制定一部单独的基因隐私法的条件还不成熟,但至少可以借鉴美国基因隐私法范本相关条款在人体基因科技基本法中作出相应的规范,保护基因隐私权。其具体条文可以这样拟定:"基因信息的提供者或有权支配者对其信息享有有隐私权。任何决定或做法的作出或实施都应该尊重当事人的隐私权。基于营业、执行业务或提供劳务等通常范围所创造、储存、收受或提供的私人基因信息,如无书面授权,不得以任何通信方法揭示私人基因信息。为研究或其他任何目的而保存或处理的与可识别之个人有关的遗传数据应按法律规定的条件予以保密。

① 参见 George J. Annas, Leonard H. Glantz, Patricia A. Roche:《基因隐私法范本》,何建志译,《生物科技与法律研究通讯》2000 年第 7 期。

除非该信息与可识别的个人不可复原地切断了关联，否则与此人有关的信息只能用于收集该信息的初始目的，不得为其他目的而使用或披露。执行人体基因信息采集、保存、利用与输出输入的相关人员，对所得信息的提供者负有保密义务，不得向第三人提供或公开。尤其不能让雇主、保险公司、教育机构获得，除非有国家法律或条例的授权或者获得当事人同意，以维护提供者信息隐私。对于保密的限制只能以国家强制性规定为限。”

(5)基因知情权

基因知情权是知情同意原则在人体基因科技研究中的具体体现，是指基因提供者或有权支配者了解、自我决定及准许利用其基因的权利。基因知情权包括基因信息了解权、基因信息使用权、基因信息维护权等。在人体基因科技发展条件下，通过身体中微不足道的一部分，如皮肤屑、唾液及毛发等，都可能获取身体中完整的细胞核，进行各种各样的研究。现实中，侵犯基因知情权的事件也屡见不鲜。国际人类基因组伦理委员会在 1996 年、2000 年曾两次声明，强调公众对基因研究的知情权问题，指出应加强对知情权的法律保护，完善相关法律法规。联合国教科文组织也在关于人类基因组与人权问题的世界宣言中多处讲到基因信息的知情同意权问题：“在任何情况下，均应征得当事人预先同意，若当事人不予同意，相关的认可或授权亦应依照法律和当事人的意愿而获得。”“通知当事人基因检验结果与否应由当事人自己决定，这一权力应当得到尊重。”[①]由此可见，在收集、储存和使用人类 DNA 中，尊重基因信息提供者自主的知情同意权是研究行为合理性的首要前提。我国《人类遗传资源管理暂行办法》明确规定，“人类遗传资源提供者及其亲属的知情同意证明材料”是申请和立项的必备材料。我国《人胚胎干细胞研究伦理指导原则》也规定：“进行人胚胎干细胞研究，必须认真贯彻知情同意与知情选择原则，签署知情同意书，保护受试者的隐私。”但该原则与国际或其他国家知情同意相关规定比较，显得简单。如联合国教科文组织国际生命伦理学委员会(IBC，UNESCO)于 2003 年制定的《关于人类

① 《关于人类基因组与人权问题的世界宣言》，赵智译，《医学与哲学》1998 年第 3 期。

遗传数据的国际宣言草案》第八条对“同意”的规定如下：

对于人类遗传数据的收集应该获得事先的、自由的、知情的和明确表达的同意，这种收集或者通过侵入性或者通过非侵入性的程序，对于它们随后的处理、使用和储存也应该如此，无论是由公立机构还是由私立机构进行。同意原则的局限性应该仅因强制性理由为国家的法律或条例规定，与《国际人权法》一致。

当一个人不能对遗传检测做出知情同意的时候，依照国内的法律，收集应该得到法律代表的授权。

在涉及儿童和无能力的成年人的情况，要与他们进行协商，因为他们可以理解有关的问题。

在诊断和卫生保健中，只是当儿童遗传筛查和检测对他们的健康具有重大意义并且是为了孩子最佳利益的时候，才是伦理上一般可以接受的。

依照国家或国内的立法，这一条不适用于只是为了与法律的实施调查和起诉有关的鉴定目的而收集和使用人类遗传数据的情况。①

因此，借鉴国际及其他国家的立法经验，我国应在《人体基因科技基本法》中完善知情同意权的法律保护，其条款可以这样拟定：

人体基因科技研究的任何决定或做法应该向当事人告知研究的目的、方法、预期的受益、可能的风险与不适。

只能在获得当事人事先的、自由的、知情的和明确表达的同意后，并不受任何约束的情况下，才能作出或实施。

当事人可以在任何时间、以任何理由收回其同意意见而不会因此给自己带来任何不利或惩处。

对于没有能力行使同意权的个人进行对其基因的研究时，要给予其特别的保护，必须在法律授权并且保护当事人健康利益的情况下，才能进行研究。

若非基于对当事人健康上的利益，如果该研究对于同样年龄层或

① 联合国教科文组织国际生命伦理学委员会：《关于人类遗传数据的国际宣言草案》，《中国医学伦理学》2004 年第 2 期。

同样的遗传状况的健康有所贡献，能使当事人蒙受最小程度的风险及障碍，并且保护当事人的人权，在例外的情况下允许进行该研究。

对知情同意的限制只有国家法律规定的强制性理由为限。

(6)风险评估制度

人体基因科技的独特之处在于直接作用于人的自身，对个人、家庭或社会将产生极大影响，尽管通过它们可能从根本上解决医学的疑难杂症，彻底改变个体的形状，但毕竟存在相当不确定的风险，应如何控制该不确定风险？如何达到利益最大化？必须要先了解所有可能产生风险的内容和特质，进行风险评估。风险评估的步骤包括风险确定、风险估计及风险评价，其中风险确定是确认危险的存在；风险估计是确定危险的发生可能性及发生损害的程度；而对于已知或已估计风险，确定与该事件相关之人对该风险的接受程度，称为风险评价。国际法律中也有关于风险评估的规定。比如，《世界人类基因组与人权宣言》第五条第 a 项规定，对于个人基因体的研究、治疗或诊断，应该依据各国法律的要求，事前对于潜在的风险与利益作严格的评估后，始可实施。同条 e 项规定，对没有能力行使同意权的个人进行基因体的研究时，必须在法律授权且保护受试者的情况下，基于其直接健康上的利益，始得进行研究。若非基于对其健康上的利益，如果该研究对于同样年龄层或同样的遗传状况的健康有所贡献，并使受试者蒙受最小程度的风险及障碍，且保护受试者的人权，在例外的情况下才允许该研究之进行。

对其他科技的风险评估，大都集中在科技本身的安全性以及对环境生态的冲击，而对基因科技研究所产生的风险，依靠旧式的风险评估策略，恐怕难以解决，需要作整体的风险评估，因为这种研究应用于人体，对人类社会所造成的影响横跨科学、伦理、社会及生态等数个领域。其风险评估的内容不仅包括科学风险，还包括社会、伦理、生态风险，应重视问题的复杂性与风险利害关系的广泛性。[①] 仅从基因科技涉及的科学风险来看，也远高于工业时代，不论是基因治疗、基因药物的生产还是基因复制器官等，都面临着

---

① 参见周桂田：《基因科技的全球化与在地化社会风险》，http://tutordo.con/modules/xhnewbb/viewtopic.php? topic.id:1276，访问日期为 2011-03-10。

相当的复杂性难以预测性和不确定性。它们带来的威胁和风险，就目前人类的能力来说，仍然是难以计算、弥补与控制的。基因科技形成的风险冲击，具有高度价值判断的难题，如果无法妥善处理这些难题，他们会回过头来对基因科技的发展进行冲击，也就是说，如果科学家无法解决基因科技对人类生命健康产生的威胁，就会导致社会大众对基因科技的发展有所疑虑而争论不休，反而会阻碍基因科技的进一步发展。因此，在立法规制中进行基因科技风险的评估制度设计，妥善解决基因科技所可能引发的各种风险，无疑是决定基因科技发展的关键。其具体条文可以这样草拟："对于人体基因科技研究，应该事前对于潜在的风险与利益作严格的评估后，始可实施。国家应设立人体基因科技伦理委员会，对相关研究和应用进行伦理评估。当有证据表明公众健康或人类福祉有可能遭受严重的或不可挽回的损害却又没有确凿科学依据时，应及时采取充分的和恰当的临时措施；当证据确凿时，应当及时采取必要的控制措施，这些措施的执行应遵守本法阐述的各项原则并且尊重人的尊严、人权和基本自由。国家制定风险评估、预防和控制的程序。包括确定风险级别、了解风险和利益的性质、制定预防、控制方案、执行决定以及监控结果等。"

(7)开发、准入制度

如前所述，基因科技存在巨大风险，为了减少其危害性，最大限度地维护人类的利益不受损害，除进行风险评估外，还要设立基因科技开发和准入制度，更有效地防范其负面效应。这里包括两个层次：对科研主体和技术本身开发的审批、准入。

首先，对基因科技研发的主体资格进行审核。随着人体基因科技的迅速发展以及成果的不断应用，人们掌握科技的能力日益提高，基因科技被一般单位或个人掌握的可能性越来越大，尤其是一些商业集团或企业，以营利性为目的，不断利用基因科技研究成果制造相关产品投放市场。人体基因科技与其他一般科学技术研究不同，其研究、开发都直接关涉人们的生命与健康，从技术一开始就引发很多伦理、法律、社会问题，并不限于应用阶段。因此，立法应严格控制基因科技的研究和开发主体，将其研究和开发权限定于符合条件的特定单位与人员身上。目前，由于基因科技的开发和研究具有巨大的潜在商业利润，许多单位或个人已纷纷步入抢滩我国基因技术市场的行列，而这种抢滩实际上给基因技术的滥用提供了可能。[①] 因此，对申请从事基因科技开发、研究的单位，应从其所掌握的仪器设备、试验场所、人员配备及技术资料等各角度加以审核，只允许具备研究、开发某项基因技术的单位从事相关的研究、开发工作，对申请从事基因科技开发、研究的本人也应从其资历、道德修养、工作表现、经验等诸方面加以审核，只允许那些具有相关资历和道德修养较好、具有良好表现的人员从事相关的研究和开发。

其次，必须对基因科技本身进行严格的审批和准入制度。目前，与人体相关的基因科技主要有人工辅助生殖、基因检测、基因治疗、胚胎干细胞研究以及基因克隆技术等。这些技术一旦被滥用，将会对人类产生明显的危害后果，侵犯人类的尊严。所以，对这些技术一定要建立准入和控制制度，否则后果难以设想。具体讲，可以根据安全程度的高低，设立不同等级的准入制度。对制造人兽混合生物或胚胎或克隆人的技术应禁止研究；对目前已在临床应用被科学反复证明确实对人类无害或虽具有一定危害但可以将此危害控制在最小限度内的技术，应鼓励和促进其进一步研究和开发；对于目前争议比较大，其具体价值还没有被评估出来的技术，应规定在一定范围内允许开发和研究。

总之，对人体基因科技的研究与开发，在作出正确的风险评估后，还要进行准入制度的控制，作为防范基因科技滥用的第二道门槛，最大可能地保障公民权利和促进其研究和开发。具体设计准入制度时，其条文可以这样草拟："进行人体基因科技研究，必须准备详细的项目研究申请书，列明项目内容、试验方法、预期目的、采用人体组织种类、来源以及风险、知情同意书等，报国家有关科技管理机关进行报批。国家有关科技管理机关对实施人体基因科技研究的人员资格以及人体基因科技项目实施准入制度。获得批准或准入后方得实施。"

① 参见赵震江、付子堂：《现代法理学》，北京大学出版社 1999 年版，第 35 页。

结　语

现代人体基因科技的迅速发展和广泛医学应用，一方面给人类带来了巨大的福祉，另一方面也引发了各种伦理、社会和法律问题，对其进行立法规制是世界各国采取的应对策略。目前，我国的人体基因科技立法还很不完善，缺乏明确统一的立法理念，立法层次比较低，法律、法规及规章之间也缺乏协调与衔接，还存在很多立法空白。其重要原因之一就是关于基因科技立法的理论研究还比较薄弱，无法为立法实践提供支持。只有对基因科技的立法理念、立法目的、立法模式、立法原则、立法制度等进行系统深入的理论研究，构建相对完善的立法规制体系，才能更好地解决问题，指导立法实践。

当然，单靠立法规制并不能解决所有的问题。法律只是众多社会规范的一种，过度强调法律的规范功能反而使其他规范（例如专业自制、专业伦理或个人责任）的功能受到忽略。一般来说，现行法律中没有明文规定的事项，事实上是由行业自治、专业精神、伦理道德、政党政策等法律之外的规范来平衡供给与需求。这样尽管节省立法资源，但却容易受限于专业人员的主观倾向与利益偏好，无法像法律那样从全局顾及各方当事人的利益。而人体基因科技的医学运用，涉及的主体、议题及利益都是多方面的，不仅有利益冲突的解决、权利的保障，还有国家所负有的基本义务等。因此，人体基因科技的规制应是一种整体的社会和法律控制机制，立法规制只是其中一个首要的部分，其次应和行政规制、司法规制形成一套完整的运行机制，同时与伦理控制、国家政策、行业技术准则以及科研人员的自律规范相互协调和相互支持，甚至需要国际间的交流与合作共同进行规范，以达到趋利避害、促进基因科技良性发展、保障人权、为整个人类谋利益的目的。

参考文献

一、国外译著

1.[美]威廉·R·克拉克(William R. Clark):《基因治疗——二十一世纪分子医学的希望和问题》,邵承工、蔡武城译,复旦大学出版社 2001 年版。

2.[美]米·里夫金:《生物技术世纪:用基因重塑世界》,付立杰等译,上海科技教育出版社 2000 年版。

3.[法]埃得加·莫兰(Edgar Morin):《复杂思想:自觉的科学》,陈一壮译,北京大学出版社 2001 年版。

4.[德]库尔特·拜尔茨:《基因伦理学》,华夏出版社 2001 年版。

5.[日]池田大作:《走向 21 世纪的人与哲学》,北京大学出版社 1992 年版。

6.[德]乔治·恩德勒:《经济伦理学大辞典》,王淼洋等译,上海人民出版社 2001 年版。

7.[古希腊]亚里士多德:《尼各马可伦理学》,廖申白译,商务印书馆 2005 年版。

8.[德]卡尔·雅斯贝尔斯:《历史的起源和目标》,华夏出版社 1989 年版。

9.[德]H. 马尔库塞:《单面人》,张传译,上海社会科学院哲学研究所外国哲学研究室编:《法兰克福学派论著选辑》上卷,商务印书馆 1998 年版。

10.[英]W.C.丹皮尔:《科学史及其与哲学和宗教的关系》,李珩译,商务印书馆1997年版。

11.[德]尤尔根·哈贝马斯:《后民族结构》,曹卫东译,上海人民出版社2002年版。

12.[德]康德:《道德形而上学原理》,苗力田译,上海人民出版社2002年版。

13.[法]孟德斯鸠:《论法的精神》上册,张雁深译,商务印书馆1978年版。

14.[美]约翰·S·布鲁贝克:《高等教育哲学》,王承绪等,浙江教育出版社2002年版。

15.[日]宫泽俊义:《日本国宪法精解》,董潘舆译,中国民主法制出版社1990年版。

16.[古希腊]修昔底德:《伯罗奔尼撒战争史》,谢德风译,商务印书馆1978年版。

17.[英]A. J. M. 米尔恩:《人的权利与人的多样性——人权哲学》,夏勇、张志铭译,中国大百科全书出版社1995年版。

18.[美]E.博登海默:《法理学:法律哲学与法律方法》,邓正来译,中国政法大学出版社1999年版。

19.[日]岩崎允胤:《人的尊严、价值及实现》,当代中国出版社1993年版。

20.[美]保罗·库尔兹:《保卫世俗人道主义》,余灵灵等译,东方出版社1996年版。

21.[美]舍温·努兰(Sherwin B. Nuland):《生命的脸》,林文斌、廖月娟译,海南出版社2002年版。

22.[美]法兰西斯·福山(Francis Fukuyama):《后人类未来——基因工程的人性浩劫》,杜默译,时代文化2002年版。

二、国内著作

1.万慧进:《生命伦理学与生命法学》,浙江大学出版社2014年版。

2. 王廷华、董坚、齐建军:《基因克隆理论与技术》,科学出版社 2009 年版。

3. 张春美:《DNA 的伦理地位》,上海书店出版社 2006 年版。

4. 子言:《基因:讲述生命的故事》,经济日报出版社 2000 年版。

5. 谈大正:《生命法学导论》,上海人民出版社 2005 年版。

6. 叶俊荣、雷文枚等:《天平上的基因》,元照出版有限公司 2006 年版。

7. 颜厥安:《鼠肝与虫臂的管制——法理学与生命伦理探究》,北京大学出版社 2006 年版。

8. 王利明:《人格权法》,法律出版社 1997 年版。

9. 陈传夫:《高新技术与知识产权》,武汉大学出版社 2000 年版。

10. 甘绍平、叶敬德:《中国应用伦理学》,中央编译出版社 2002 年版。

11. 黄丁全:《医疗法律与生命伦理》,法律出版社 2007 年版。

12. 倪正茂、刘长秋:《生命科技法学论要》,黑龙江人民出版社 2008 年版。

13. 沈铭贤:《科学哲学与生命伦理——沈铭贤文集》,上海社会科学院出版社 2008 年版。

14. 上海外国自然科学哲学著作编译组:《摘译——外国自然科学哲学》(遗传工程专辑),上海人民出版社 1975 年版。

15. 孙伟平:《事实与价值——休谟问题及其解决尝试》,中国社会科学出版社 2000 年版。

16. 陈爱华:《科学与人文的契合——科学伦理精神的历史生成》,吉林人民出版社 2003 年版。

17. 郊广银:《伦理学原理》,南京大学出版社 1996 年版。

18. 卓泽渊:《法的价值论》,法律出版社 1999 年版。

19. 王卫国:《过错责任原则:第三次勃兴》,浙江人民出版社 1987 年版。

20. 邱仁宗、翟晓梅:《生命伦理学概论》,中国协和医科大学出版社 2003 年版。

21. 孙幕义、徐道喜、邵永生:《新生命伦理学》,东南大学出版社 2003

年版。

22.范冬萍、张华夏:《基因与伦理》,羊城晚报出版社 2003 年版。

23.《马克思恩格斯全集》第 1 卷,人民出版社 1956 年版。

24.金耀基:《大学之理念》,三联书店 2001 年版。

25.李步云:《宪法比较研究》,法律出版社 1998 年版。

26.《马克思恩格斯选集》第 3 卷,人民出版社 1972 年版。

27.许崇德:《宪法》,中国人民大学出版社 1999 年版。

28.杨海坤:《宪法学基本论》,中国人事出版社 2002 年版。

29.夏勇:《人权概念起源:权利的历史哲学》,中国政法大学出版社 2001 年版。

30.法治斌、董保城:《宪法新论》,元照出版有限公司 2004 年版。

31.周志宏:《学术自由与科技研究应用之法律规范》,《李鸿禧教授六秩华诞祝寿论文集》,月旦出版社股份有限公司 1997 年版。

32.梁慧星:《中国民法经济法诸问题》,法律出版社 1991 年版。

33.《马克思恩格斯选集》第 2 卷,人民出版社 1972 年版。

34.李震山:《人性尊严与人权保障》,元照出版有限公司 2005 年版。

35.李强:《自由主义》,中国社会科学出版社 1998 年版。

36.程燎原、王人博:《权利及其救济》,山东人民出版社 1998 年版。

37.周志宏:《学术自由与高等教育法制》,高等教育出版社 2002 版。

38.陈丽娟:《欧洲共同体法导论》,五南图书出版有限公司 1997 年版。

39.颜厥安:《法与实践理性》,中国政法大学出版社 2003 年版。

40.翁岳生:《行政法》,中国法制出版社 2002 年版。

41.李龙主编:《人本法律观研究》,中国社会科学出版社 2006 年版。

42.韩大元:《外国宪法》,中国人民大学出版社 2000 年版。

43.徐显明主编:《人权研究》第 3 卷,山东人民出版社 2003 年版。

44.吕耀怀:《信息伦理学》,中南大学出版社 2002 年版。

45.赵震江、付子堂:《现代法理学》,北京大学出版社 1999 年版。

46.李传俊:《高科技与医学人文》,广东人民出版社 2001 年版。

47. 刘国奎主编:《美国华裔科学家科普文集》(生命科学专辑)第 1 卷,清华大学出版社 2003 年版。

48. 宋思杨、楼士林:《生物技术概论》,科学出版社 2000 年版。

49. 韩跃红:《护卫生命的尊严——现代生物技术中的伦理问题研究》,人民出版社 2005 年版。

50. 刘长秋、刘迎霜:《基因技术法》,法律出版社 2005 年版。

三、期刊文献

1. 郑晓薇:《论基因信息于人身保险核保使用之正当性》,《陕西青年职业学院学报》2014 年第 1 期。

2. 魏治勋:《新兴权利研究述评——以 2012～2013 年 CSSCI 期刊相关论文为分析对象》,《理论探索》2014 年第 5 期。

3. 张勇等:《国家基因库概述》,《医学研究》(电子版)2014 年第 4 期。

4. 江丽青:《"设计婴儿"的规制研究——基于英国、美国的比较分析》,《广东社会科学》2015 年第 1 期。

5. 李佳伦:《英国法对人体胚胎的民事法律地位的争议》,《人民司法》2014 年第 13 期。

6. 邱格屏:《人类基因的法律地位对"全人类共同财产"的一点反思》,《社会科学家》2008 年第 1 期。

7. 徐振雄:《后人类社会的人权通识教育:人类尊严的变异与操控》,《实践通识学报》2003 年第 1 期。

8. 上官丕亮:《论宪法上的人格尊严》,《江苏社会科学》2008 年第 2 期。

9. 蔡维音:《"拟似权利主体"之法律意涵——重新建构人类基因之法律定位》,《成大法学》2001 年第 24 期。

10. 甘绍平:《克隆人:不可逾越的伦理禁区》,《中国社会科学》2003 年第 4 期。

11. 李见恩:《基因科技面临的人权困境及出路》,《中国西部科技》2007 年第 9 期。

12. 罗玉中、焦洪涛、鄢斌:《基因・克隆・法律问题》,《华中科技大学学报(人文社会科学版)》2002 年第 4 期。

13. 刘丽群:《基因研究中的知情权探析》,《西安文理学院学报》2005 年第 1 期。

14. 蔡宗珍:《程序导向的基因科技立法必要性与其规范内涵初探》,《生物科技与法律研究通讯 》2001 年第 9 期。

15. 吴学安:《国际法律框架中的基因技术应用》,《检察风云》2008 年第 2 期。

16. 邱仁宗:《人类基因组的伦理和法律问题》,《科技与法律》2000 年第 3 期。

17. 贾民伟、刘耀胜:《面临科技挑战的伦理对策》,《科技进步与政策》2001 年第 4 期。

18. 张展,王家宝:《道德法律化与法律道德化》,《政治与法律》1997 年第 5 期。

19. 范在峰、李辉凤:《论技术理性与当代中国科技立法》,《中国政法大学学报》2002 年第 6 期。

20. 郭亚萍:《工具理性与价值理性的冲突》,《塔里木大学学报》2005 年第 2 期。

21. 姚大志:《人类有权利克隆自己吗》,《哲学研究》2003 年第 1 期。

22. 沈清松:《有何伦理判准支持复制人?》,《中外医学哲学》1998 年第 3 期。

23. 陆树程:《克隆技术的发展与现代生命伦理——兼与姚大志先生商榷》,《哲学研究》2004 年第 4 期。

24. 高兆明:《克隆人权利及其诉求问题——与甘绍平先生商榷》,《中国社会科学》2004 年第 5 期。

25. 范瑞平:《人的复制与人的尊严:多元化的社会与儒家道德共同体》,《中外医学哲学》1998 年第 3 期。

26. 吴国盛:《生命的飘逝》,《读书》1997 年第 8 期。

27. 邱仁宗:《人的克隆:支持和反对的论证》,《华中科技大学学报(社会科学版)》2005 年第 3 期。

28. 赵迎欢、陈凡:《现代伦理学视角与基因技伦理原则的建构》,《东北大学学报(社会科学版)》2003 年第 4 期。

29. 陈朝余:《论生物技术伦理原则》,《科技进步与对策》2006 年第 8 期。

30. 杨丽娟、陈凡:《高技术立法规制问题的哲学探讨》,《法学论坛》2005 年第 1 期。

31. 储昭华:《自由的敞开与权利的"延异"——海德格尔的自由观及其启示意义》,《浙江学刊》2004 年第 6 期。

32. 周兴芳:《学术自由及其边界》,《福建工程学院学报》2009 年第 2 期。

33. 卢建平:《科学研究自由的法律评价》,《浙江大学学报(人文社会科学版)》2000 年第 3 期。

34. 周双娥:《析思想自由权的法律意蕴》,《广西社会科学》2003 年第 10 期。

35. 周慧、何生根:《学术自由的宪法权利属性初探》,《法律科学(西北政法学院学报)》2004 年第 3 期。

36. 薛现林:《科学研究自由权利研究》,《河北法学》2004 年第 9 期。

37. 谢海定:《作为法律权利的学术自由权》,《中国法学》2005 年第 6 期。

38. 陈寿灿:《宪政的伦理基础及其社会价值需求》,《道德与文明》2009 年第 3 期。

39. 江玉林:《人性尊严与人格尊严——大法官解释中有关尊严论述的分析》,《月旦法学教室》2004 年第 20 期。

40. 蔡维音:《德国基本法第一条人性尊严规定之探讨》,《宪政时代》1992 年第 1 期。

41. 易顶强:《科技进步的宪法思考》,《岭南学刊》2008 年第 3 期。

42. 李惠宗:《死后取精——基本权与人性尊严的冲突》,《月旦法学教室》2005 年第 37 期。

43. 薛现林:《科学研究自由与知识产权制度》,《科技与法律》2004 年第

2 期。

44.贺海仁:《自我救济的权利》,《法学研究》2005 年第 4 期。

45.赵颂平:《宪法的平衡品格》,《法制与社会发展》2002 年第 1 期。

46.张翔:《基本权利限制的思考框架》,《法学家》2008 年第 1 期。

47.韩大元:《论现代科学技术对宪法学的影响》,《科技与法律》1996 年第 1 期。

48.钟芳桦、黄舒芃:《德国与奥地利基因科技法之初步比较》,《生物科技与法律研究通讯》2000 年第 5 期。

49.王岳:《基因科技的法律问题研究》,《法律与医学杂志》2002 年第 2 期。

50.李素华:《英国通过人类胚胎研究法律修正案》,《科技法律透析》2001 年第 4 期。

51.陈英钤:《德国对胚胎干细胞研究的管制:干细胞法的意义》,《应用伦理研究通讯》2002 年第 22 期。

52.甘绍平:《作为一项权利的人的尊严》,《哲学研究》2008 年第 6 期。

53.韩跃红、孙书行:《人的尊严和生命的尊严释义》,《哲学研究》2006 年第 3 期。

54.高兆明:《克隆人权利及其诉求问题——与甘绍平先生商榷》,《中国社会科学》2004 年第 5 期。

55.[法]诺埃勒·勒努瓦:《世界各国与生物伦理学法规》,《卫生与社会法评论》1995 第 2 期。

56.张宇飞:《人性尊严的解释方法及其问题——以克隆人宪法争议为例》,《法学论坛》2009 年第 4 期。

57.李震山:《"复制人"科技发展对既有法律思维与制度之冲击》,《中外法学》2002 年第 5 期。

58.龚向和:《人的尊严:中国农民人权的兴起》,《河南政法干部管理学院学报》2008 年第 1 期。

59.夏勇:《宪法之道》,《读书》2003 年第 3 期。

60. 夏勇:《中国宪法改革的几个基本理论问题》,《中国社会科学》2003年第2期。

61. 刘志刚:《人格尊严的宪法意义》,《中国法学》2007年第1期。

62. 陈斯彬:《克隆技术的宪政视角》,《华侨大学学报(哲学社会科学版)》2006年第1期。

63. 寿在勇:《基因兴奋剂:科研自由与道德约束》,《广州体育学院学报》2007年第6期。

64. 秦前红、韩永红:《宪法"基本权利核心概念"研究——基于中日比较的视角》,《广东社会科学》2008年第1期。

65. 李煌:《人格尊严的特征及其与社会进步的关系》,《贵州大学学报(社会科学版)》2002年第1期。

66. 马平:《宪法上的人格尊严——一个中国语境下的诠释》,《云南大学学报(法学版)》2008年第2期。

67. 林来梵:《人的尊严与人格尊严——兼论中国宪法第38条的解释方案》,《浙江社会科学》2008年第3期。

68. 杜承铭:《人性尊严:作为民生之本的宪法权利》,《江汉大学学报》2008年第3期。

69. 梁如霞:《国家科技法律体系建设问题探析》,《山东工商学院学报》2003年第4期。

70. 周琼:《论人类基因及基因信息的法律地位》,《科技与法律》2006年第3期。

71. 周光礼:《学术自由的实现与现代大学制度的建构》,《高等教育研究》2003年第1期。

四、英文文献

1. Eric S. Grace, "Better Health through Gene Therapy," *The Futurist*, Jan-Feb 1998.

2. Charles R. Cantor, Cassandral L. Smith, *Genomics: The Science*

and Technology behind the Human Genome Project, Wiley-Interscience Publication, 1999.

3. National Bioethics Advisory Commission, "Cloning Human Beings," Rockville, MD: National Bioethics Advisory Commission, 1997.

4. Lee M. Silver, "Cloning, Ethics, and Religion," in Michael C. Brannigan(ed.), *Ethical Issues in Human Cloning*, New York, NY: Seven Bridges Press, 2001.

5. John Harries, "1999, Clones, Genes, and Human Rights," in J. Bueley (ed.), *The Genetic Revolution and Human Rights*, New York: Oxford University Press, 1999.

6. A. Huxley, *A Brave New World*, London: Granada, 1982.

7. H. T. Engelhardt, *Principles of Biomedical Ethics*, Oxford University Press, 2nd edition, 1996.

8. Ronald Dworkin, "We Need a New Interpretation of Academic Freedom," in Louis Menand(ed.), *The Future of Academic Freedom*, The University of Chicago Press, 1996.

9. Paul Proctor, *Longman Dictionary of Contemporary English*, Longman Group Ltd., 1979.

10. World University Service, *Academic Freedom 2: A Human Rights Report*, edited by John Daniel, Frederiek de Vlaming, Nigel Hartley, Manfred Nowak, Zed Books Ltd., 1993.

11. David M. Rabban, "A Functional Analysis of 'Individual' and 'Institutional' Academic Freedom under the First Amendment," *Sum Law& Contemp Probs*, 53, 1990.

12. J. W. Vesting, "Legal Aspects of Genetic Therapies in Germany," in *Interdisciplinary Approaches to Gene Therapy: Legal, Ethical and Scientific Aspects*, Berlin: Springer, 1997.

13. H. Ghoi, "Is there a Demand for the World Wide Regulation of

Gene Therapy?" in *Interdisciplinary Approaches to Gene Therapy: Legal, Ethical and Scientific Aspects*, Berlin: Springer, 1997.

14. A. J. Grant, "Regulation of Genetic Therapy: The American Experience," in *Interdisciplinary Approaches to Gene Therapy: Legal, Ethical and Scientific Aspects*, Berlin: Springer, 1997.

15. Human Fertilisation and Embryology Act, 1990(c. 37).

16. UK Department of Health, *Review of the Human Fertilisation and Embryology Act*, 2005.

17. Gregory J. Downing, *A Reseacher's Guide to Federally Funded Human Embryonic Stem Cell Research in the United Stated*, Totowa, NJ: Humana Press Inc., 2003.

18. Ernst Benda, "The Protection of Human Dignity," *Southern Methodist University Law Review*, Vol. 53, 2000.

五、网络资源

1. 胡唯元:《2004 年国内、国际十大科技新闻》,科技日报:http://www.wfstc.gov.cn/wfast/shownews.asp? newsid=144.

2.《生物技术专利保护面临挑战》,江西省科学技术厅网:http://www.jxstc.gov.cn/ReadNews.asp? NewsID=1003.

3. 谢卫群:《基因产业,能与微软比肩》,人民网:http://www.people.com.cn/GB/paper40/988/140342.html.

4. 吴学安:《基因技术应用呼唤法律介入》,科学时报:http://www.sciencenet.cn/.

5. 吴国盛:《技术与人文》,http://www.people.com.cnGB/14738/27939/27984/27985/1895930.Html.

6. 韩跃红、王元昆:《从克隆争论看尊重生命的原则》,中国应用伦理学网:http :/ / www.aecna.com/ 1909.Html.

7. 百科全书网站,http://en.wikipedia.org.

8. 曾祥华:《人权宣言中的行政法思想》,http://www.yadian.cc/index.asp.

9. 余溯:《德国基本法"人性尊严"条款之分析》,http://www.frchina.net/data/detail.php? id=13957.

10. 颜厥安:《财产、人格,还是信息? 论人类基因的法律地位》,中国论文下载中心:http://www.studa.net/faxuelilun/060521/08464941-18.html.

11. 刘练军:《试论作为宪法权利的人格权》,北大法律信息网:http://article.chinalawinfo.com/Article_Detail.asp? ArticleID = 44468&Type=mod.

12.《应用伦理与职业道德》,中国职业教育与成人教育网:http://www.cvae.com.cn/www/yj/zhyj/09-09-11/746.html.

13. FDA:http://www.fda.gov/opacom/morechoices/mission.html.

14. CBER:http://www.fda.gov/cber/inside/mission.htm#mission .

15. 人权与生物医学公约网页,http://www.coe.fr/eng/legaltxt/ebio.htm.

16.《英国颁发第一份克隆人类胚胎执照》,http://www.people.com.cn/GB/keji/1056/2707894.html.

六、国外伦理、法律文件

1. 联合国教科文组织国际生命伦理学委员会:《关于人类遗传数据的国际宣言草案》,2003 年通过。

2. 国际生物伦理委员会:《生物伦理普遍准则宣言草案初稿》,2005 年通过。

3. 联合国教科文组织大会:《世界人类基因组与人权宣言》,1997 年通过。

4. 联合国教科文组织大会:《国际人类基因数据宣言》,2003 年通过。

5. 联合国:《生物多样性公约》,1992 年通过。

6. 欧洲理事会:《人权与生物医学公约》,1997 年通过。

7. 欧洲理事会:《人权与生物医学公约生物医学研究附加议定书》,2005年通过。

8. 欧洲理事会:《人权与生物医学公约禁止复制人附加议定书》,1998年通过。

9.《澳大利亚基因科技法》,2000年通过。

10.《瑞士联邦非人类基因科技法》(Federal Law Relating to Non-human Gene Technology),2003年通过。

11.《瑞士联邦人类基因检验法》, 2004年通过。

12. 中国人类遗传资源平台项目组:《人类遗传资源库建设中伦理审查委员会工作程序》,2007年通过。

13. 英国:《人体组织和胚胎研究法》,2007年通过。

14. 丹麦:《基因改造生物的运输和进口法规》,2000年通过。